건달장이
어리 있으다

국립중앙도서관 출판시도서목록(CIP)

건널 강이 어디 있으랴 / 지은이: 대행 / 옮긴이:한마음국제
문화원.--안양 : 한마음출판사, 2009
  p. : cm

ISBN 978-89-91857-11-7 03220 : \12000

불교 [佛敎]

225.2-KDC4
294.34-DDC21   CIP2009001934

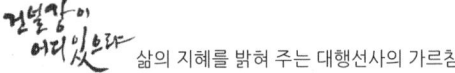 삶의 지혜를 밝혀 주는 대행선사의 가르침

No River to Cross, No Raft to Find; Hanmaum Publications, Rep. of Korea 2005
No River to Cross; Wisdom Publications, Boston, USA 2007
Ningún Río Que Cruzar; Kailas, Madrid, Spain 2009
Vertraue und Lass Alles Los, Goldmann Arkana-Random House, Germany 2010
Дзэн и просветление, Amrita-Rus, Russia 2012

2009년 10월 한글 초판 1쇄 발행
2017년 4월 한글 초판 6쇄 발행

원저 / 대행큰스님
편저 / 한마음국제문화원
편집·출판 / 한마음출판사
표지디자인 / 박수연

출판등록 384-2000-000010
www.hanmaum.org
onemind@hanmaum.org

Copyright © 2017 (재) 한마음선원
본 저작물은 저작권법에 의해 보호를 받는 저작물이므로
무단 전재와 무단 복제를 할 수 없습니다.

ISBN 978-89-91857-11-7 (03220)

Printed in Republic of Korea

건널 장이 어디 있으랴

삶의 지혜를 밝혀 주는
대행선사의 가르침

한마음

통에서 벗어나야 통을 굴릴 수 있다.
고정관념에 사로잡혀 있는 것은 통 안에 갇혀 있는 것과 같아
마음을 자유롭게 굴릴 수 없게 된다.
고정관념에서 훌쩍 벗어나 보면
그동안 애지중지해 오던 나의 생각, 나의 법이
얼마나 우스운 것인지도 알게 된다.

본문 내용 중에서

머리글

이 글은 2007년 10월, Wisdom Publications 에서 발간한 *No River To Cross* 에 실린 머리글의 한글번역본입니다.

한국불교계에서 비구니*스님들은 아주 오래전부터, 그리고 오늘날까지 지속적으로 많은 공헌을 해 왔습니다. 그러나 이러한 사실은 부당하리만치 잘 알려져 있지 않습니다. 뿐만 아니라, 한국불교사의 어떤 자료를 뒤져보아도 비구니스님들에 대한 언급은 거의 없다고 할 수 있습니다. 예를 들어보면, 신라시대에는 비구니스님들에 대한 기록이 약간 남아 있고, 한국불교의 황금시대라고 알려진 고려 시대조차도 일반 여성 불자들에 대한 기록만이 신라 시대에 비해 조금 더 남아 있을 뿐입니다. 더구나 여성이 사회적으로 억압당하고 불교가 유교 신봉자들에 의해 탄압을 받았던 조선 시대에 들어와서는 비구니스님들에 대한 기록이 전혀 없다고 해도 과언이 아닙니다.

이렇듯 명백하게 그 존재 자체가 가려져 왔음에도 한국의 비구니스님들은 지난 25년간 비구니 종단의 발전과 전통 확립을 위해 놀랄만한 행보를 해왔습니다.

---

* 비구니[比丘尼]: 구족계를 받은 여성 스님을 지칭하며, 남성 스님은 비구(比丘)라 한다.

그리고 현시대의 뛰어난 비구니스님들 중 그 누구도 대행 큰스님만큼 밝게 빛나는 별은 없는 것 같습니다. 실제로 대행큰스님은 현대한국불교계에서 가장 존경받는 고명한 스승들 중 한 분이며, 한국 조계종과 한국사회 전반에 걸쳐 스님만큼 큰 영향을 끼친 분도 드물다 하겠습니다.

대행큰스님은 대중 속으로 들어와 그들을 가르치기에 앞서 오랜 세월을 깊은 산 중에서 수행하셨으며, 행장과 가르침으로 볼 때 역대 그 어느 선사와 비교해 보아도 한 점의 부족함이 없는 분입니다. 스님은 깊은 통찰력과 자비심을 지닌 스승으로서 이미 한국사회에 널리 알려져 있으며 평생 수많은 비구니스님과 비구스님 그리고 일반 신도들을 지도해 왔습니다. 대행큰스님의 제자들 중에는 수십 명에 이르는 비구스님도 있는데, 이는 비구가 비구니보다 우위라는 교계의 전통으로 보아 한국뿐만 아니라 전 세계적으로도 매우 이례적인 일이며, 불교를 오랫동안 연구해 온 저로서도 처음 접하는 놀라운 일이기도 합니다. 삼십여 년 전에 창건한 한마음선원은 오늘날 한국불교계에서 가장 영향력 있는 사찰들 중 하나가 되었으며, 산하에 15개의 국내지원과 10개의 국외지원을 두고 있습니다.

이 책 『건널 강이 어디 있으랴』(영어본 No River to Cross, Wisdom Publications, 2007)에는 스님들은 물론이고, 일반 불자들을 아우르는 광범위한 청중들에게 아무런 걸림 없이 다가가는 스님의 역량이 고스란히 담겨 있습니다. 스님이 가르치는 방식은 의외로 간단하지만, 그 가르침의 깊이는 놀라울 정도로 심오합니다. 사람들의 품성을 파악하는 혜안과 그 혜안을 바탕으로 법을 청하는 사람들에게 그들이 가장 필요로 하는 가르침을 주는 스님의 능력은 너무나도 경이롭습니다.

인도의 전통적인 불교 경전처럼 구성된 이 책은 학자들뿐만 아니라 학생들조차도 대행큰스님의 가르침에 쉽게 접근할 수 있도록 그 내용을 정리해 놓았습니다. 이 책을 통해서 여러분은 일상생활에서 벌어지는 세속적인 일조차 불교의 가르침을 실천하고 마음을 닦아나갈 수 있는 재료로 사용할 수 있다는 대행큰스님의 귀중한 가르침을 만나 볼 수 있습니다. 그뿐만 아니라 스님이야말로 현대불교계에서 가장 창조적인 선사이자 일반인이 다가가기 쉬운 큰 스승들 중 한 분이라는 사실을 거듭 확인할 수 있을 것입니다.

로버트 버즈웰, UCLA 불교학연구소장
Robert Buswell
Director of the Center for Buddhist Studies, UCLA

통이 둥글면 뚜껑도 둥글어야 하듯이
불법 공부도
내가 처해 있는 환경을 수용해 가면서
해 나가야 한다.
건너뛴다거나 버릴 생각을 하지 말고
꾸준히 자기 길을 가야 한다.
이러한 일상생활 중에
마음이 몸을 제도하고
몸이 마음을 제도하면서
나아가야 하는 것이다.

본문 내용 중에서

여는 글

어떻게 하면 사람들을 미망에서 깨어나게 할 수 있을까? 이것은 태고 이래 진리를 깨친 모든 선지식들이 고민했던 문제이기도 합니다. 그래서 대자유를 얻은 선지식들은 중생들을 버려두고 홀로 가길 원치 않습니다. 내가 몰랐을 때, 나 역시 그처럼 고통을 받았었고, 나 역시 그처럼 행동했었다는 것을 너무나도 잘 알기 때문인 것 같습니다.

만물만생이 본래 하나이며 공생, 공심임을 알지 못해 생기는 해악을 알기에 선지식들은 손가락을 들어 달을 가리킵니다. "저 달을 보라." 불타는 집에서 놀고 있는 어린아이와 같은 중생들을 집 밖으로 나오게 하려고 선지식들은 언어와 근본마음, 이 두 가지를 동시에 사용하며 그들과 소통하려 합니다. 그러나 사람들은 가리키는 달을 보는 것이 아니라 오직 선지식의 손가락만을 쳐다봅니다. 그러곤 "집안이 너무 따뜻해."라고 말하며 불타는 집으로 다시 뛰어들어가 버리니, 그것을 보는 선지식들은 가슴이 찢어지는 듯한 아픔의 눈물을 흘리게 됩니다. 간혹가다 달을 알아채고 불타는 집에서 빠져나오는 중생들을 볼 때는 기쁜 나머지 희열의 눈물을 흘리기도 합니다. 중생들을 위하는 이들에게 세간의 존경이나 비난 따위는 중요치 않습니다. 그분들에게는 자신의 안위를 위해 사는 삶이 더이상 아무런 의미가 없기 때문입니다. 오직, 중생들이 전보다 좀 더 지혜로워지는 걸 보고 싶을 뿐이며, 그래서 조금이라도 삶의 고통에서 벗어나기를 바랄 뿐입니다. 중생들이 어서 마음의 눈을 떠 자신의 내면에 무한한 능력이 있음을 알게 되기를, 또 내면의 그곳이야말로 마른 풀이 불에 타버리듯 아집이나 아만과 같은 생각들이 사라지게 하는 곳임을 알게 되길 바랄 뿐입니다.

대행큰스님은 바로 그런 분이셨습니다. 스님은 한량없는 자비심과 일체를 꿰뚫어 보는 통찰력으로 법을 청하는 모든 이에게 가르침을 주셨습니다. 간결하면서도 쉬운 언어로 깨달음의 세계로 곧장 들어갈 수 있는 길을 일러주시기에 어느 누구라도, 자신이 처해있는 환경이 어떠하든지, 스님의 가르침을 진실로 실천궁행한다면 진리를 깨우칠 수 있게 됩니다. 우리의 앞을 가로막는 것은 우리를 에워싸고 있는 주변의 환경이 아니라 궁극적으로는 바로 우리의 생각이기 때문입니다. 그런데도 대부분의 우리는 싫은 것과 좋은 것을 분별하고 비난과 후회를 반복하면서 스스로 만든 안개 속에 자신을 가둬 놓고 어디로 가야 할지, 어떻게 살아야 할지도 모른 채 생을 마감합니다. 이런 우리에게 대행큰스님은 이 안개가 걷히는 방법을 일러 주셨습니다. 뿐만 아니라, 우리 스스로를 진정한 자유인으로 이끌어 줄 수 있는 힘이 우리들 각자 내면에 있다는 사실도 가르쳐 주셨습니다. 그러나 이런 스님일지라도 그저 손가락을 들어 길을 가리켜 줄 수 있을 뿐, 가르침을 실제로 체험하여 얻어가는 것은 각자의 몫입니다. 그러니 우리 모두, 세상의 모든 언어를 뛰어넘어 존재하고 있는 우리 내면의 보배를 발견하여, 인간이라면 누구나 당당히 누릴 수 있는 참다운 권리를 찾아봅시다.

한마음국제문화원 청고 합장

차례 · 건널 강이 어디 있으랴

머리글   5
여는글   9
대행큰스님   17

제1부 원리

제1장: 근본적인 물음   34 나는 누구인가?
                       36 부처란 무엇인가?
                       37 불성이란 무엇인가?
                       38 불법이란 무엇인가?
                       40 불교란 무엇인가?
                       41 마음이란 무엇인가?

제2장: 영원한 진리   44 한마음
                       45 주인공
                       49 나의 실상   49 나의 진면목
                                          51 사대 화합의 육신
                       53 둘 아닌 도리
                       55 인과의 원리
                       58 진화의 원리   58 윤회와 환생
                                          61 진화와 창조
                       64 진리의 실상 – 공(空)의 나툼

제3장: 마음과 과학   68

제 2 부 수행

제4장: 마음의 묘용 – 마음 내는 도리   76

제5장: 믿음이 근본   82

제6장: 관 – 맡겨놓고 지켜보라   85

        85   일체를 맡겨놔라   85   고정관념의 벽
                                        88   '나' 라는 생각
                                        90   번뇌와 망상, 집착과 습
                                        92   의정(疑情)

        93   어떻게 맡겨놓는가?   93   믿음으로 맡겨놓는다
                                          94   무조건 놓는다
                                          95   공에다 놓는다
                                          96   맡겨놓음의 공덕

        98   수행 정진   98   올바른 수행
                               100   참선
                               102   화두

        104   관(觀)

제7장: 깨달음   107   깨달음에 이르는 길
                109   견성
                111   성불
                112   열반
                114   중도
                115   깨달음의 공덕

제3부 활용
생활 속의 참선 수행

제8장: 불교의 요체는 실천궁행   120

제9장: 생활선(禪)
- 122   삶이 곧 불법
- 123   경계와 고
- 127   재화
- 128   질병
- 130   가정
- 132   태교
- 134   진정한 사랑
- 135   조화로운 삶

제10장: 생활 속의 종교
- 138   스승과 도량
- 140   경배
- 142   계행
- 144   경전
- 146   염불과 독경
- 148   보시
- 149   인등
- 150   제사와 천도재
- 154   방생
- 155   팔자, 운명
- 156   타력신앙
- 157   종교분쟁

160   마음공부 하면서 명심해야 할 점
162   닫는글 – 이 책이 나오기까지
166   본 저서에 관한 각계의 평론

대장부

아무 자취도 남기지 않는 발걸음으로 걸어가리.
닥치는 모든 일에 대해 어느 것 하나 마다하지 않고 긍정하는
대장부가 되리.
버린다 안 버린다 하는 마음이 아니리.
오는 인연 막지 않고 가는 인연 붙잡지 않는
대수용의 대장부가 되리.
일체의 것에 물들거나 집착하지 않는 대장부가 되리.
가장 평범하면서도 가장 비범한 대장부가 되리.

본문 내용 중에서

대행큰스님

대행큰스님은 1927년 서울에서, 대대로 무관이었던 집안의 장녀로 태어났다. 원래 스님의 집안은 경제적으로 부유한 생활을 보장받는 사회적인 위치에 있었으나, 스님이 태어날 무렵 나라의 정세는 이미 기울어져 집안이 누려온 사회경제적인 여러 혜택과 권한을 더 이상 누릴 수 없는 상황이 되어 있었다. 조선을 철저히 식민지화하려는 제국주의 일본의 야욕은 날이 갈수록 잔악해졌고 조선 일반백성들의 생활을 곤궁과 피폐로 몰고 갔으며, 결국 한반도 전체를 강점하고 말았던 것이다. 스님의 부친은 조선왕조 마지막 조정의 무관이었으며, 일제의 탄압에 대항하는 저항운동에 지속해서 관여하였다. 그 결과 스님이 7세쯤 되던 해 어느 날, 일제의 식민정권은 그나마 남아있던 집안의 가산을 전부 강탈하여 몰수해 갔고, 온 가족이 하루아침에 입고 있던 옷만 걸친 채 거리로 쫓겨나게 되었다. 스님의 가족은 한강을 건너 서울 남쪽 인근의 산속에 움막을 짓고 살 수밖에 없었으며, 구걸해 온 음식이나 추수한 뒤 들판에 남아 있는 것들을 모아와 어렵사리 연명할 수밖에 없었다.

일제의 무자비한 폭정의 가중, 조선왕조를 가까스로 이어간 대한제국의 붕괴, 가족들이 처해있는 비참한 상황, 이 모든 것이 스님의 부친을 절망과 좌절 속으로 몰아넣었다. 스님의 부친은 주변의 이웃 사람들에게는 늘 친절하게 도움을 주던 의기(義氣) 있는 분이었지만, 어떤 이유에서인지, 자신의 분노와 좌절을 모두 맏딸인 스님에게 쏟아붓곤 하였다. 왜 이런 모든 일이 일어나는지 이해할 수 없는 혼란 속에서 스님은 무섭기만 했던 아버지를 피해 가능한 한 움막에서 멀리 떨어져 지내려 하였고, 근처의 숲은 어린 소녀의 유일한 은둔처가 되었다. 밤이 되면 한 치 앞을 가늠할 수 없는 어둠과 뭇 짐승들이 내는 기괴한 울음소리가 스님을 두려움에 떨게 하였지만, 그럼에도 불구하고 스님은 숲속에서 나뭇잎으로 몸을 덮고 잠을 청하는 날들이 많았다.

이러한 굶주림과 추위의 나날이 거의 2년이 되어갈 즈음, 비록 어려운 삶은 계속되었지만, 스님은 내면에서 그전과는 전혀 다른 것을 느끼기 시작했다. 숲 속에 나가 잘 때 느꼈던 두려움이 사라지고 캄캄한 밤이 점차 안온하고 따스하며 아름답게 느껴지기 시작했던 것이다. 스님은 숲속의 수많은 유생, 무생들이 그 종류는 같아도 나무는 나무대로 풀은 풀대로 형형색색이고 비는 비대로 각각 다르다는 것을 알게 되었다. 이렇게 모든 것이 서로 달랐지만, 숲 속에는 부자나 가난한 사람, 잘난 사람이나 못난 사람의 구별이 없었다. 그곳에는 오로지 함께 어우러져 돌아가는 생명들의 삶이 있을 뿐이었다.

그러나 숲 밖의 일상은 불평등과 고난으로 가득 차 있었다. 스님은 알고 싶었다. '사람들은 왜 그렇게 굶주림에 시달리고 병들고 고통을 받는 것인가?' '누가 나를 형성시켰으며, 그러곤 왜 어느 날 갑자기 집 없는 사람으로 만들어버린 것인가?' 스님은 온종일 바위틈에 기대어 '나를 만든 네가 있다면 나와 보아라. 모습을 보고 싶다.'라고 간절하게 조르기도 하였다. 시간이 흐를수록 이러한 의정(疑情)[의증(疑症)]은 더욱 강해져서 '나를 형성시킨 너를 볼 수 없다면 차라리 죽는 것이 낫겠다.' 하며 끈질기게 실랑이를 벌이기도 하였다. 비록 이러한 의문들을 붙들고 씨름을 하기는 하였지만, 숲 속은 여전히 스님에게 위안과 평화를 주는 곳이기도 하였다. 모든 생명을 차별하지 않고 안아주는 숲의 넉넉한 품이 없었더라면 인간의 삶과 존재의 근원적인 물음에 대한 스님의 탐구도 가능하지 않았을 것이다.

그러던 어느 날, 불현듯 스님은 여태껏 찾고 있던 것이 당신의 마음 깊은 곳에 이미 존재해 있었음을 느끼게 되었다. 그것이 너무나 따뜻하고 너무나 좋은 것이어서, 이것을 스님은 '아빠'라고 불렀다. 이 아빠는 스님이 감히 고개 들어 쳐다볼 수조차 없었던 그 무서운 아빠가 아니라, 스님을 형성시켰으며 모든 것을 관장(管掌)하는 스님의 진정한 주인인, 본래성품(本來性品)이었다. 스님은 자신의 진정한 아빠인 자성불(自性佛)이 항상 내면에 같이하고 있었다는 것을 알고는 너무나 기쁜 나머지 '아빠'란 이름을 부르며 울고 또 울었다.

스님은 이때를 회상하고 웃으시며 말씀하셨다. "그렇게 어리지 않았더라면, 또 좀 배웠더라면, 그것이 불성이라는 것을 알았을 텐데, 그때는 사랑과 따뜻함이 가득 찼다는 것만 알고 그저 '아빠'라고 부른 것입니다." 내면의 그것이 무엇인지 정확하게 알지는 못했지만, 그때 이후로 스님은 내면의 '아빠'를 당신의 위안처로 삼고 무한한 애정을 쏟았다. 스님이 '아빠'라고 나직이 부를라치면 묘지의 망부석, 나뭇등걸, 바위, 또는 이름 모를 생명들까지도 자신과 친구가 되어 숨결을 나누는 것처럼 느껴졌다.

스님이 내면의 '아빠'에 완전히 의지할 수 있었던 것은 딱히 무엇을 바라거나 원하는 것이 있었기 때문이 아니라 그 '아빠'가 이미 모든 걸 다 알고 있다고 느꼈기 때문이었다. 스님은 자연스레 그렇게 하였고 한 번도 밖에서 의지할 곳을 찾은 적이 없었다. 사랑을 받지 못하는 한 가녀린 소녀가 이 무한한 법의 맛을 보게 된 것은 신묘(神妙)하고도 놀라운 일이 아닐 수 없었다.

스님은 당신의 본래성품인 '아빠'가 너무나도 소중하여 이 세상 그 무엇과도 바꿀 수 없다고 느꼈다. 그리고 그 모습을 실제로 보여 달라고 떼를 쓰기 시작하였다. 그런데 내면으로부터 '거울을 봐라. 거기에 내가 있느니라.' 하는 것이었다. 그러나 아무리 거울을 들여다보아도 거울에 비친 것은 못생긴 당신의 얼굴뿐, 다른 것은 아무것도 찾아볼 수 없었다. 스님은 대단히 당혹스러웠다. 그 당시 스님은 법문을 들은 적도, 경을 공부한 적도 없었기 때문에 그 뜻을 이해하지 못했던 것이다. 그때를 회상하며 스님께서는 "그때가 열여덟쯤 됐었는데도 내가 그렇게 어리석었습니다."라고 말씀하셨다.

1945년 해방 이후에 스님은 내면의 소리를 따라 오대산으로 향했다. 그곳엔 스님이 수년 전에 만나 뵈었던 당대의 큰 스승인 한암선사가 계셨다. 그곳에서 스님은 얼마간 행자*생활을 하였고, 근처의 비구니 스님들의 선방(禪房)에 든 적도 있었다. 그곳에 머물며 좌선수행을 하던 중 '가려는 소는 안 끌고 달구지를 이렇게 망가뜨리는 이유가 무엇인가?'라는 말이 내면으로부터 들려왔다. 더 나아가서 '누가 이것을 가르치는가? 이런 생각들은 어디에서 나오는가?' 하는 의문도 같이 일어났다. 그리하여 스님은 선방을 나와 다시 숲속에서

---

* 행자[行者]: 스님이 되고자 불가에 입문하였으나 아직 계를 받지 못한 수행자를 일컫는다. 대략 1년에서 3년간의 행자생활을 하는 동안, 스님으로서의 자질을 평가 받게 된다.

생활하며, 한암스님의 가르침이었던 "눈뜨고 삼 년간 푹 자면 죽는다."라는 말씀을 새기고 또 새기며 참구(參究)하였다. 스님은 당신의 수행에 너무나 몰두하느라, 삭발을 해야 하느니 안 하느니, 계율을 지키느니 안 지키느니에 신경 쓸 겨를이 없었으며, 오로지 마음이 내면만을 향해 있었을 뿐이었다.

1950년 봄, 스님은 정식으로 사미니(沙彌尼)*계를 받았다. 그때 삭도(削刀)를 드신 한암스님이 스님에게 물으셨다.

"지금 누가 계를 받았느냐?"
"스님께서 주신 사이가 없고 제가 받은 사이가 없습니다. 다만, 한 마리 학이 청산에 훨훨 날 뿐입니다."
"네가 죽어야 너를 보리라."
"죽어야 할 나는 어디 있으며 죽여야 할 나는 어디 있습니까?"
"네 마음은 어디 있느냐?"
"목마르실 텐데 물 한 잔 드십시오."
"내가 자석이요, 네가 못이라면 어찌 되겠느냐?"
"못도 자석이 됩니다."
한암스님은 무척 기뻐하시며 이렇게 말씀하셨다.
"오, 기특하도다. 이제 너의 갈 길을 가라."

---

* 사미니[沙彌尼]: 불가에 입문한 여성 스님이 받는 최초의 수계. 정식으로 스님이 되려면 사미니계를 받고도 다시 4년의 수행기간을 거쳐야 한다.

사미니계를 받은 지 얼마 안 되어 한국전쟁(6.25)이 터졌다. 스님은 부산을 내려가 부두에서 일하는 노동자들과 가난한 사람들을 위해 작은 식당을 시작하였다. 또한 군복을 수선하여 양복 만드는 일도 함께하였다. 전에는 어려움을 겪을지라도 스님 혼자 고통을 감내하면서, 그런 고통을 아무렇지도 않게 여길 수 있었다. 그러나 이제 전쟁의 와중에서, 주변에 있는 모든 사람이 처참한 고통을 받고 있는 현실을 바라보는 것은 정말이지 견디기 어려운 가슴 아픈 일이었다. 비록 여러 사람을 먹여 주고 입혀줄 수는 있었지만, 물질과 육신으로 할 수 있는 일에는 한계가 있다는 생각이 점차 커져 갔다.

스님은 더욱더 깊이 수행하지 않으면 안 된다고 느꼈다. 결국 스님은 다시 정처 없는 수행 길에 오르게 되었다. 이미 체득한 것에 만족하지 않고, 스님은 계속 내면에 물었다. '왜, 무엇 때문에 사는 것인가? 왜 이렇게 사람들은 고통을 당해야만 하는가? 왜 나는 여기 있는가?' 스님은 식음을 전폐하고 밤낮으로 정진하였으나 그 대답은 번번이 '내가 죽어야 나를 보리라.'라는 것이었다. 스님에게 이 문제는 완전히 해결하지 않으면 안 되는 그 무엇이라는 것이 명백해졌다.

육신을 버려서라도 이러한 의문을 확연히 풀지 못하면 안 된다고 느꼈기에 스님은 수차례 목숨을 끊으려고 시도했지만, 매번 실패하고 말았다. 어느 날 스님은 아무도 육신을 찾아

낼 수 없는 외진 곳에 가서 죽어야겠다고 생각하며 걷다가, 한강이 내려다보이는 절벽 끝에 멈춰 서게 되었다. 그런데 그 벼랑 위에서 물끄러미 강물을 내려다보는 순간, 그만 '죽어야 한다.'는 생각을 잊어버리고 말았다. 스님은 강물을 바라보며 꼬박 한나절을 마냥 그렇게 선 채로 있었다. 그러고는 이러한 삼매(三昧)* 상태에서 불현듯 깨어나 다시 걷기 시작하였다. 걷잡을 수 없이 눈물이 흘러내렸다. 그러면서 '나의 뜨거운 눈물이 바다를 이루고, 내 한 방울의 눈물이 그 바다를 다시 다 삼킬 수 있는 그런 눈물이 되어야 한다.'라는 것을 느끼게 되었다. 눈물이 눈물이 아니라 기쁨으로 화(化)한 것이다.

십여 년을 스님은 산중에서 보냈다. 육신의 안일(安逸)은 잊은 채, 늘 당신이 이해하고 경험한 것을 마음으로 수행하고 점검해 나갔다. 먹는 거라고는 초목의 잎이나 열매, 버섯밖에는 없었으며 때로는 누군가가 마른 콩과 같은 먹을 것을 주고 가기도 했다. 한겨울에도 홑겹으로 된 여름옷밖에 없어 그것만을 걸친 채 소나무 아래나 강변의 모래톱에 구멍을 파고 그 안에서 지내곤 하였다. 글과 말로는 다 표현할 수 없는 난행(難行)이었기에 항상 피골(皮骨)이 상접(相接)하고 피부는 소나무껍질처럼 갈라 터져 있었으며 머리는 칡뿌리

---

* 삼매[三昧]: 이 경지를 여러 가지로 설명하고 있지만 대체로 나와 상대가 하나임을 진정으로 깨우친 무아지경의 의식 상태를 뜻한다.

로 틀어 올린 형국이었다. 행여나 마을에라도 내려가게 되면 아이들의 돌팔매질로 피투성이가 되곤 하였다. 그러한 모습이었음에도 당시에 스님을 만났던 몇몇 사람들은 스님의 안광(眼光)만은 형형(炯炯)하였다고 회상한다. 전통적으로 역대의 선사들은 선지식을 찾아가 법거량(法擧揚)을 하며 자신의 공부를 점검해왔다. 그러나 그럴 상황이 아니었던 스님은, 대신 당신이 체득한 바를 스스로 속속들이 꿰뚫어 철두철미하게 점검해가며 아무런 착(着) 없이 앞으로 끊임없는 정진을 이어갔던 것이다. 스님은 자신을 누구와도 비교하지 않았으며 당신이 납득한 바에 만족하여 거기에 머물러 있는 적도 없었다.

사람들은 스님이 많은 고행(苦行)을 했다고 말하지만, 기실 당신 자신은 한 번도 산중에서 겪은 일들을 고행이라 여긴 적이 없었다고 하셨다. 육체적인 고행을 해야겠다고 해서 한 것이 아니라, 다만 그때 스님에게 주어진 상황이 그러했기 때문에, 당신은 오로지 참 본성에만 집중한 채 그 모든 것을 겪었을 뿐이었다. 스님은 놓는다, 안 놓는다는 생각도 따로 없이 당신을 형성시킨 근본에 완전히 몰입했으며, 바깥 경계(境界)는 전혀 개의치 않고 내면으로 당신의 마음에 닿는 것만을 응시했었다. 이런 상태는 풀밭에 조용히 앉아 모든 현상을 그냥 편안한 마음으로 응시하는 것과 같았다. 한동안 스님은 생각하는 일조차 귀찮아, 의정(疑情)이 나도 그걸 붙들고 씨름하지도 않고 그냥 무심으로 다니기도 하였는데, 그러다 보면 문득 아주 우연한 때에 의정에 대한 답이 떠오르곤 하였다.

깊은 산중에서 내려와 서울 근교를 다니며 수행하던 중 어느 날, 스님에게 의정들이 안으로부터 꼬리를 물고 일어났다. '왜 한쪽 발이 다른 발보다 더 큰가? 이게 도대체 무슨 이치인가? 누가 이렇게 만든 것인가?' 그런데 스님이 당신의 두 발을 내려다보니 둘 다 같은 크기가 아니던가! 그런 의정이 떠오를 때면, 밤이 깊어가는지, 눈보라가 치는지도 모르고 그것만을 묵묵히 생각할 뿐이었다. 몸이 일그러지는지 굳어지는지도 몰랐지만, 마음만은 맑고 밝았으며, 눈을 감고 있을 때라도 뜨고 있는 상태와 같았다. 한번은 미동도 않고 그냥 지낸 적이 있었는데, 며칠이 흘렀을까, 아예 손발이 굳어져서 움직여지지 않을 때도 있었다.

어느 날 헌인릉 근처에서 스님이 물을 마시려고 엎드렸다가 물에 비친 자신의 험한 모습을 보게 되었다. 너무나 못생긴 자신의 모습을 보고 있을 때, '내 마음은 괜찮은 것 같은데, 내 몸은 왜 이와 같은가?'라는 생각이 떠올랐다. 그 순간 내면에서 소리가 들려왔다. '그 모습 또한 부처의 모습이며 그 안에 진짜 부처가 있다. 부처가 중생을 구하려면 마구니 속에도 들어가고 오무간(五無間) 지옥에도 들어가야 하느니,

부처는 개구리도 되고, 돼지도 되며, 개도 될 수 있다. 어느 때의 모습을 부처라고 부를 수 있겠는가?' 그때, 그 오랫동안 '아빠'라고 찾았던 '참나,' 주인공의 모습을 다시금 더 확연하게 볼 수 있었다. 그로부터 스님은 나와 우주의 근본이 다르지 않으며, 일체가 둘이 아닌 경지를 되짚어가게 된 것이다.

스님은 만행 과정에서 체득한 결과를 점검하면서 무형의 힘을 확인하고 보완하는 일에도 몰두하였다. 특히 우주의 탄생과 전말이 손에 잡힐 듯이 느껴졌고, 그래서 태양계의 행성들, 태양계 너머 은하계와 그 바깥 세계의 살림살이를 탐색하게 되었다. 또한, 질병이 너무나도 많은 고통을 주는 것을 목도하였으므로 질병에 특별한 주의를 기울였으며, 질병뿐만 아니라 그 밖의 인간사의 문제에 이르기까지, 마음의 도리가 미치는 효과를 거듭 실험하고 확인하였다.

그러던 어느 날 광나루 인근 산중에서 삼매(三昧) 중에 거대한 광명이 스님을 둘러싸는 것을 체험하게 되었다. 그 빛의 둘레는 십 리 안팎이나 되었고 고요하고 안온(安穩)하였다. 빛으로 가득 찬 정밀함 속에서 스님은 커다란 충만감을 체험하였다. 그 이후 늘 그러한 광명에 둘러싸여 지내는 느낌이었고 모든 사물이 다 스님을 돕는다는 것을 느낄 수 있었다.

스님은 어떻게 이러한 수행을 하게 되셨느냐는 어느 신도의 질문에 이렇게 답하셨다. "나는 견성 또는 성불하려는 마음을 먹어본 적이 없습니다. 이 세상에 태어났으니 오직 참다운 나는 누구이고 무엇인가를 알고자 하였을 뿐입니다. 내 육신이 내가 아니고, 내 의식이 내가 아니며, 내 의지가 내가 아니라는 것을 알고 난 뒤에 나의 '참나'는 누구인지, 다른 모든 것이 가버린 뒤에 남는 진정한 나는 누구인지를 알고 싶었을 뿐입니다."

또한, 산중고행 시절 얻은 바가 무엇인지에 대한 질문에도 스님은 마음을 밝히는 것에 무슨 뚜렷한 경지나 경계가 있는 것이 아니라고 알려주셨다. 아무것도 얻은 바 없는 것이 참으로 얻는 도리임을, 얻을 바 없고 도달할 바 없고 깨달아 얻을 바 없는 것이, 얻고 도달하고 깨달아 얻는 도리임을 일깨워 주신 것이다. 더 나아가서 스님은 당신이 겪었던 것과 같은 산중고행을 하지 않고도 깨달음에 이르는 것이 가능함을 누누이 강조하셨다. 수행에 있어서 가장 중요한 것은 몸으로서가 아니라 마음으로 하는 것이기 때문이다. "나의 경우는 닥치는 모든 것이 수행이 된 것이고, 산에서의 생활은 나에게 닥친 상황이었을 뿐입니다. 여러분의 상황이 어떻든 간에, 수행은 마음으로 하는 것이어야 합니다."

1950년대 말경 스님은 산중수행을 마치고, 치악산 상원사 부근의 토굴에 머무르며 인근의 많은 사람을 도와주셨다. 스님이 1960년대 중반까지 10여 년간 그곳에서 머무는 동안, 가난과 질병으로 고통받는 수없이 많은 사람이 찾아와 자신들의 갖가지 어려움을 토로했고, 스님은 그들의 고통을 당신의 고통으로 여기셨다. 그들의 호소를 듣고는, 단지 "알았으니 가보세요."라고 말해 줄 뿐이었지만, 그 말 한마디에 사람들은 자신들의 문제가 해결되는 것으로 알고 떠났다.

그러나 그렇게 문제를 해결해 주고 나면 그때뿐, 얼마 지나지 않아 그들은 또 다른 문제를 들고 도와 달라, 해결해 달라고 스님을 찾아왔다. 몇 년이 흘러도 사람들은 바뀌어지는 것이 없었다. 사람들은 자신들의 내면에 있는 자성(自性)에 대해 생각하려 들지 않았고, 누구나가 내면의 자성을 믿음으로써 문제를 스스로 해결할 수 있는 능력이 본래부터 갖추어져 있다는 사실도 이해하지 못했던 것이다. 스님은 사람들이 자신들의 문제를 스스로 해결하고, 나아가 인과와 윤회의 굴레에서 벗어나 자유인이 될 수 있는 도리를 가르쳐 주는 것이 정말 중요하고 시급하다는 생각을 하게 되었다.

그리하여 1972년, 스님은 안양으로 거처를 옮겨 한마음선원을 세웠고, 그곳에서 사람들에게 자성불인 '참나'가 있다는 사실과 자성에 의거하여 사는 법을 가르치기 시작했다. 대행큰스님은 성속(聖俗)을 불문하고, 찾아와 법을 청하는 모든 이들에게 각각의 근기(根器)와 품성에 맞는 방편을 일러주며 불법을 가르쳐 주셨다. 많은 사람들이 자신들의 직업이 무엇이건, 가정적인 상황이 어떠하건, 또 얼마나 바쁘게 살고 있는지에 상관없이, 일상생활을 그대로 영위하는 가운데 수행할 수 있는 법을 일러주는 스님의 가르침에 깊은 감명을 받았다. 점점 더 많은 사람들이 각기 다른 지역에서 큰스님의 가르침을 공부하기 위해 몰려들었고, 자신들이 사는 지역에 지원을 열겠다고 자청하였다. 그 결과 15개의 국내지원과 10개의 해외지원이 6개국에 걸쳐 세워졌으며, 안양 본원을 비롯한 국내외지원에서 150명이 넘는 제자 스님들이 수행에 전념할 수 있게 되었다. 대행큰스님은 2012년 5월 22일 0시 세납 86세로 입적하셨으며, 법랍 63세셨다. 스님의 법체는 떠나셨지만, 스님의 가르침은 영어, 독어, 스페인어, 러시아어, 중국어, 일본어, 불어, 이탈리아어, 베트남어, 인도네시아어 등으로 번역 출간되어 오늘도 여전히 불법을 필요로 하는 전 세계인들의 마음을 밝혀주고 있다.

상대가 낮다고 해서 잘난 체 하지 말며
상대가 높다고 해서 자신을 업신여기지도 말아라.
항상 자비스럽게, 같이할 수 있는 넓은 마음을 가져라.
같이 사랑할 수 있는 마음, 같이 나눌 수 있는 마음,
그런 마음이야말로 이 세상을 덮고도 남음이 있다.

억겁부터 모습 모습 바꿔가며
살던 습의 종 문서를
태산같이 짊어진 것 몰락 태워 버린다면
창살 없는 감옥에서 훌연히 벗어나
자유인이 되리로다.
쯧!

강이 없는데 배가 있으며
배가 없는데 건널 게 있으랴
그래서야 어찌
은산철벽 한 찰나에 뚫어 넘을 수 있나.

대행선사 선시 중에서

제1부 원리

1장: 근본적인 물음
2장: 영원한 진리
3장: 마음과 과학

제1장
근본적인 물음

● 나는 누구인가?

내가 세상에 나고서 세상은 벌어졌다. 내가 나오면서 가정이 생겼고 상대가 생겼으니 이 세상 우주 전체가 벌어진 것이다. 그러니 '나'를 빼놓고 무엇을 이 세상이라 하며, 무엇을 진리라 하겠는가? 보고, 듣고, 말하고, 앉고, 서고, 어느 때, 어느 곳에서든 소소영영(昭昭靈靈) 하게 응대하는 이것이 도대체 무엇이란 말인가?

'나야 그냥 나일 뿐이지 무어겠느냐?' 싶을지도 모르나 그렇게 간단한 문제가 아니다. '나'라는 것이 단순히 부모의 정자와 난자가 합쳐져 생긴 물질적인 결합일 뿐인가? 아니다. '현재의 나'를 형성시킨 나의 근본, 나의 뿌리인 진정한 내가 있다. 그런데 눈에 보이지 않는다 하여 없다고 단정 지을 것인가?

자동차는 운전자의 뜻에 따라 움직인다. 아무도 자동차를 주인이라 하고 운전자를 하인이라 하지 않는다. 또한, 집을 짓고 사는 이치를 보라. 우리가 그 속에 주인으로서 살고 있는 것이지 집이 우리를 만들어 놓고 그렇게 살게 하는 것이 아니다.

육신은 하나의 껍데기이다. 육신을 움직이는 그 무엇은 따로 있다. 그럼에도 많은 사람은 육신을 '실제의 나'라고 느끼고 있다. 그러나 사실, 헐고 닳게 되면 버려야 할 포대 자루에 불과하다. 그런데 그 안에다 이것저것 주워 담고는 그것이 '나'라고 한들 무슨 소용이겠는가?

육신이란 입다가 낡아지면 갈아입는 옷처럼 영원하지 않으니 그 무상함을 지켜보라. 나의 생각 또한 영원치 않음을 지켜보라. 그렇다면 과연 나는 이 세상에 잠시 있다 사라지고 마는 허망한 존재인가? 고(苦)에서 벗어나지 못하고 고통받다 사라지는 미미한 존재에 불과한가? 아니다. 가만히 지켜보면 헌 옷을 벗고 새 옷으로 갈아입는 주재자, '참나'가 있음을 알게 된다.

우리는 어디에서 비롯되었는가? 바로 '참나'인 주인공으로부터 나온 것이니 오직 '참나'를 찾고자 노력해야 한다. 육신은 '참나'에서 나타난 싹, 잎사귀, 가지와 같은 것인데 뿌리를 놓아두고 어찌 가지나 잎사귀를 자기라 할 것인가?

● 부처란 무엇인가?

어떤 대상에게 부처라는 이름을 붙여놓고 우러러 존경한다고 부처가 되는 것이 아니다. 부처다, 보살이다, 선지식이다 하여 높은 자리에 있다면 어떻게 만물만생이 그 안에 두루 하겠는가? 부처란 결코 중생의 사량심이나 육안으로 보이지 않는다. 색(色)도 상(相)도 없으므로 비교할 수 없다. 일체가 그 안에 있으므로 '바로 이것이다.'라고 특정하게 규정지어 내놓을 수도 없다. 그러니 '도인이다, 명안종사다, 큰스님이다, 선지식이다, 보살이다, 부처다.'라고 하는 말에 의지할 바가 못 된다. 그러한 말 속에는 부처가 없기 때문이다. 그러나 진리를 깨친 자는 어디서나 부처를 볼 수 있다.

부처란 깨달은 사람을 지칭한다. 그러나 깨달은 사람이 있어서 부처가 있는 게 아니며, 그의 가르침이 있어서 진리가 성립하는 것도 아니다. 그 가르침이 마음을 발견하는 최상승의 법일지라도, 진리는 깨달은 자가 있든 없든 진리이며, 진리 그 자체로서 존재하는 것이다. 부처라는 말도 그저 이름일 뿐이니, 부처가 뜻하는 바를 스스로 발견해야 한다. 석가모니 부처님께서 법등명 자등명(法燈明 自燈明)을 말씀하신 이유도 바로 여기에 있다.

부처는 나의 마음에 있다. 우주를 감싸고 삼세(三世)를 덮는 부처님, 조사와 선지식들, 일체 생명이 다 내 마음에 있으며, 나의 조상도 내 마음에 있다. 밖에 무엇이 있다고 밖에서 찾을 것인가?

내가 있기에 부처가 있다. 부처의 형상이 내 형상이며, 부처의 마음이 내 마음이다.

● 불성(佛性)이란 무엇인가?

불성이란 나의 근본 생명, 영원한 생명, 이 우주 전체를 싸고 있는 근본처를 말한다. 그런데 자기 안에 그 근본처가 들어 있는 줄 모른다. 내면의 불성을 깨달으면 바로 부처이다.

불성은 천지가 생기기 전에도 있었으며, 이 우주가 무너지고 없어지더라도 사라지거나 죽지 않는다.

일체 만법을 머금고 있는 불성이 사람의 성품 중에 있으니, 만법 또한 성품 중에 있다.

석가모니 부처님께서는 '일체 생명에 불성이 깃들어 있으니 일체가 다 부처'라고 하셨다. 언뜻 생각하기에 불성이라면 산 넘고 물 건너 갖은 고난을 다 겪은 다음, 어디 머나먼 낯선

곳에서나 찾을 수 있을 것 같지만, 그렇지 않다. 바로 내 안에 그 보배가 있어 설사 일자무식이라 할지라도 부처를 이룰 수 있다. 그러기에 누구나 성불할 수 있다고 하는 것이다. 만약 불성이 멀고도 찾아내기 어려운 곳에 숨겨져 있다면 어찌 불성이 누구에게나 동등하게 있다고 하겠는가?

● **불법(佛法)이란 무엇인가?**

불법은 보이는 세계와 보이지 않는 세계를 다 포함하는, 삼천대천세계의 만물만생이 돌아가는 진리이자 도리이다. 이것이 모든 부처가 깨치신 진리이자 아득한 옛날부터 가르쳐온 진리이다.

불법은 우리에게 인생의 목표를 밝혀 주고 길을 가르쳐 준다. 우리는 우리 자신이 진짜 누구인지, 무엇인지를 잘 알지 못한다. 그러니 무엇을 근거로, 어떻게 살아야 하는지, 왜 살아야 하는지 명확히 알지 못하는 것이다. 불법은 우리에게 내가 누구인지, 인생이 무엇인지 그 길을 가르쳐 준다.

사람이 존재하는 한 불법은 결코 사라질 수 없다. 왜냐하면 사람의 살림살이가 모두 다 불법이기 때문이다. 생명계가 존재하는 한 불법은 결코 사라질 수 없다. 왜냐하면, 전 생명계의 살림살이가 모두 다 불법이기 때문이다. 삼계(三界)가 존재하는 한 불법은 결코 사라질 수 없다. 왜냐하면, 삼계의 이법(理法)이 그대로 다 불법이기 때문이다. 사생(四生)*에 다 영원한 생명이 있으니 불(佛)이요, 사생이 다 생각하고 움직이니 법(法)이다.

불법의 진수를 만나기가 억겁 만겁이 지나도록 쉽지 않다는 말은, 불법을 이해하기 어려워서가 아니라 중생의 마음이 스스로 어렵게 만들기 때문이다. 불법은 어렵고 높아서 훌륭한 게 아니라, 오히려 단순하고 누구에게나 쉽게 진실을 보여주기에 훌륭한 것이다.

누구든지 불법의 진수를 맛볼 수 있다. 세간의 학식처럼 누구에게는 이해되고 누구에게는 이해되지 않는 그런 어려운 것이 아니다. 마치 누구에게나 고루 비춰주는 태양의 빛과 같이, 또 공기와 같이, 불법은 어떤 특정인들의 전유물이 아니다. 상대가 누구든 가리지 않고 분별없이 동등하게 자신을 드러낸다.

생활을 떠나서 불법을 따로 구하지 말라. 살아가는 모든 것이 불법이니 내가 존재하고 있는 것 자체가 불법이다. 생활

---

* 사생[四生]: 불교에서 생물들이 출생하는 방식에 따라 네 가지로 분류해 놓은 것. ①태생(胎生) ②난생(卵生) ③습생(濕生) ④화생(化生)

을 불교식으로 바꾸는 것이 소소한 일이라면, 생활과 존재 그 자체가 불법임을 아는 것은 아주 큰 일이다. 불교를 생활화하기보다 지금의 생활이 진리임을 알아야 한다.

● 불교란 무엇인가?

하다못해 풀 한 포기에도 영원한 생명이 있으니 만물만생은 불(佛)이며, 또한, 말과 뜻과 마음 등을 통해서 만물만생이 서로 보고 듣고 배우니 교(敎)이다. 그러므로 불교는 어느 한 군데 국한되어 있지 않다. 불교는 방편으로서의 이름이긴 하나, 우주 전체, 만물만생이 돌아가는 이치, 즉, 진리를 말하는 것이다. 어느 종교든지 비록 겉모습은 다르지만, 그 가르침의 요지는 다르지 않다. 모든 것의 근본은 밖에 있는 것이 아니라 바로 주처(主處)인 내안에 있다.

불교란 특정 종교의 가르침이 아니다. 진리 그 자체이다. 그러므로 진정으로 불교를 배우고자 한다면, 종교로서 볼 것이 아니라 진리에 대한 가르침으로써 알아야 할 것이다.

불교를 배운다는 것은 먼저 내가 누구인지를 앎으로써, 나의 근본으로 돌아가는 것이다. 우리가 '나'라고 생각해 온 그 '나'

가 아닌, 나의 근본인 '참나'에 귀의하는 것이다. 지금까지 '나'라고 믿어온 그 '나'를 잊을 때, 있는 그대로의 존재인 진정한 내가 드러난다.

● 마음이란 무엇인가?

천지의 근본이 마음이요, 태양의 근본이 마음이요, 인간이 일체 만법을 운영하고 행(行)하게 하는 근본이 마음이다. 마음이야말로 선악을 초월해서 모든 것을 만드는 전지전능한 창조자이다.

마음은 색채도 없고, 형체도 없고, 위치도 없고, 시작과 끝도 없다. 마음은 '바로 이거다, 저거다.'라고 말할 수도 없고, '안에 있다, 밖에 있다.'라고도 말할 수 없다. 마음은 쪼개질 수도, 어디에 흡수되어 사라질 수도, 파괴될 수도 없다. 시간도 초월하고 공간도 초월하고 모든 것을 초월한다.

마음은 언제나 여여하고 원만하여 안으로나 밖으로나 그 능력이 끝 간데없다. 태양이 아무리 찬란하고 우주가 아무리 광대무변하다 할지라도 마음만큼은 못하다. 세상의 모든 신이 있다 하더라도, 석가모니 부처님이 이 자리에 계신다 할지라도 마음은 파괴시킬 수 없다.

마음은 수천수만 리 밖, 어디든 걸림이 없다. 사방이 탁 터져 있기에 뚫어야 할 은산철벽이 없다. 그런데 사람들은 왜 단단한 벽이 있다 하는가? 스스로 벽을 쌓아 올린 탓이다. 마음으로 그렇게 만든 탓이다. 마음이란 원래 내놓을 수도 없는 반면, 유위(有爲), 무위(無爲)로 갈라진 것도 아니라서 사실, 막혔다, 막히지 않았다 할 게 없다.

마음속에 마음이 있다. 본래 청정하여 물들지 않고 여여한 근본마음이 있는가 하면, 그러한 것이 있는 줄조차 모르고, 생멸하는 번뇌 망상을 일으키며 생사윤회의 원인이 되는, 그런 마음이 있다. 그러나 이치가 그렇더라도 그것은 따로 떨어져 있지 않다. 둘 아니게 하나로 작용하고 있는 것이다.

본래 근본마음이란 생겨나지도 없어지지도 않는다. 다만, 현재 의식이 일으키는 천차만별의 생각 때문에, 마음의 차원이 갖가지로 달라질 뿐이다. 그러니 마음 안에서 근본마음을 찾을 일이다.

근본마음은 그 본성이 거울과 같아서 맑고 깨끗하다. 거울 앞에 서면 형상이 있는 그대로 비치다가도 형상이 사라지면 아무 흔적도 없이 맑은 거울만 남는다. 근본마음 역시 거울처럼 낱낱이 응하면서도 그 어떤 파문이나 얼룩도 남기지 않는다. 다만, 본성이 그러한 줄 모른 채, 거울 위에다 여러

가지 그림을 그려놓고 덧칠을 해서 중생들 스스로 어려움을 겪는 것이다.

먹구름이 아무리 짙다 해도 하늘을 더럽힐 수 없듯이, 나쁜 마음도 본성을 더럽힐 수는 없다. 먹구름이 아무리 두텁다 해도 걷히는 때가 있게 마련이고, 그때 보면 하늘은 구름 끼기 전과 다름없이 맑고 높다. 또 먹구름이 끼어 비를 퍼붓고 있을 때라도 맑은 하늘은 가려져 있을 뿐, 구름 뒤에서 푸르고 청정한 채로 있다. 그와 같이, 무명(無明)이 아무리 두텁다 해도 근본마음은 물들지 않고 맑고 밝은 채로 있을 뿐이다.

삼천대천세계가 근본마음을 통해 하나로 돌아가고 있으니 일체가 공심(共心)이자 공체(共體)요, 공생(共生), 공용(共用), 공식(共食) 하고 있다. 우주 만물 모두가 한 정원에 오손도손 모여 사는 것과 같다.

제2장
영원한 진리

● 한마음

한마음이란 보이지도 않고 만질 수도 없으며, 시작도 끝도 없는 시공간을 초월한 근본마음을 말한다. 또한, 한마음이란 만물만생의 마음이 삼천대천세계와 서로 연결되어 조화롭게 같이 돌아가는 모든 작용을 뜻하기도 한다.

우주 삼라만상이 지니고 있는 불성은 무시이래(無始以來)로 있어 왔고, 지금도 있으며 영원토록 있을 것이다. 불성은 오직 하나라는 의미에서 한마음이요, 너무나 커서 한마음이요, 개별적인 것이 아니라, 일체가 연결되어 하나로 돌아가니 한마음이다. 일체 만물이 그로부터 비롯되니 한마음이다.

이 세상 모든 생명, 만물만생들은 근본마음을 통해 하나로 연결되어 있다. 그렇기 때문에 사실, 너와 내가 따로 없는 것이다. 이렇듯 근본마음자리를 통해 전체가 하나로 돌아가니 이것이 그대로 부처의 마음이다. 온 생명들이 지닌 이 본래의 마음, 근본마음을 일컬어 한마음이라고 한다.

우주 전체가 일체 생명의 근본마음에 직결돼 있으니 세상 돌아가는 그 자체가 내 근본에 가설되어 있다. 우주 삼천대천세계가 그냥 하나로 통해 있다는 말이다. 벽도 없고 보꾹*도 없으니 일체 제불의 마음이 곧 내 한마음이고, 일체 제불의 법이 곧 내 한마음의 법이며 생활인 것이다. 이 전구 저 전구에 들어오는 전기가 하나로 연결되어 있듯이 만물은 근본마음을 통해 하나로 가설되어 있다.

● 주인공(主人空)

주인공은 우리가 스스로 갖추어 가지고 있는 근본마음으로서 일체 만물의 근본과 직결되어 있어 둘 아니게 돌아가고 있다.

주인공은 나의 참된 근본이다. 내 몸, 내 생각은 돋아났다가 곧 스러지는 가지나 잎과 같고, 주인공은 가지와 잎이 떨어지고 꺾이면 새로운 가지와 잎을 돋게 하는 뿌리와 같다. 내가 열매라면 주인공은 열매를 있게 한 꼭지와 같고, 내가 꼭지라면 주인공은 그 꼭지가 매달린 가지와 같으며, 내가 가지라면 주인공은 그 가지가 돋아 나온 줄기와 같다. 내가 줄

---

* 보꾹: 지붕의 안쪽, 즉, 지붕 밑과 천장 사이의 빈 공간에서 바라본 천장을 이른다.

기라면 주인공은 비유하건대 뿌리와 같으니 뿌리는 나무가 있게 된 근본이다. 이렇듯 줄기와 가지와 잎과 열매가 뿌리에서 나온 것처럼 나의 모든 생각, 나의 모든 활동, 나의 모든 공덕*이 주인공으로부터 나오지 않은 것이 없다.

근본마음을 왜 주인공이라 부르는가? 나의 참 주인이니까 주인(主人)이요, 매 순간 쉴 사이 없이 변하고 돌아가 고정된 실체가 없으니 빌 공(空)자, 주인공인 것이다. 나라는 존재는 주인공을 근거로 생겨났다. '부모로부터 몸 받기 전에 나는 무엇이냐?' 할 때에, '인간이 다만 정자와 난자의 결합으로 태어난 것이 아니다.'라는 바로 거기에 주인공이 있다.

우리는 나무의 싹이 올라왔을 때, 보이지 않아도 당연히 그 뿌리가 존재한다는 것을 알고 있다. 그러나 주인공이 나무의 뿌리처럼 고정되어 있다고 생각해서는 안 된다. 주인공은 나의 근거이자 동시에 모든 것의 주인이므로 부처라 할 수도 있다. 모든 불보살과 일체 선지식과 모든 생명의 근본이 되는 주인공을 깨달아야 진정으로 부처를 알 수 있는 것도 그래서이다.

---

* 공덕[功德]: 진정한 공덕은 다른 사람이나 대상을 나와 둘로 보지 않고 '내가 했다.'라는 생각을 하지 않으며 조건 없이 도와주는 상태, 혹은 그렇게 함으로써 생기게 된다. '함이·없이 하는 것' 즉, '내가 이러이러한 일을 했다.'라는 생각을 놓아버리고 해야 공덕이 되는 것이다. 아무런 조건 없이 하는 행(行)이라야만 만물만생에게 이익이 되기 때문이다.

주인공의 이름을 그냥 아빠라 해도 좋고 엄마라 해도 좋다. 심주(心主)라 불러도 좋고 평상심이라 해도 좋다. 청수, 생명수라 해도 좋고 심봉(心奉)이라 해도 좋다. 주인공을 한 물건(一物)이라 해도 좋고 본래면목(本來面目)이라 해도 좋다. 아미타불이라 해도 좋고, 본존불*이라 해도 좋다. 포괄적인 주처(主處)이므로 하느님이라 불러도 좋고 나의 님이라 해도 좋다. 주인공은 무엇이든지 다 될 수 있어서 도무지 고정됨이 없다. 주인공은 어버이이자 자녀이며, 가장 높은 이이자 가장 낮은 이이다. 주인공은 그 이름이 무엇이든 자신을 이끄는 참자기인 것이다. 주인공은 '나의 나'요, '내 마음의 마음'이다.

주인공은 본디 태어나는 일도 없고 죽는 일도 없다. 주인공은 육안으로 볼 수도 없고 생각으로 잡히지도 않지만, 영원하고 크나큰 '나'이다. 위대한 지혜의 빛나는 힘이 있고 청정(淸淨)하며 변함이 없다. 또한, 헤아릴 수 없는 능력을 갖춘 '나'이다.

중생은 그 모습이 다르고 이름이 다르며 차원이 다르고 나고 죽고 하지만, 주인공은 하나가 만 개로, 만 개가 하나로 도는 가운데 여여하니, 또한 이를 일컬어 부처, 자성불(自性

---

* 본존불[本尊佛]: 법당 상단 중앙에 모셔진 부처를 이르기도 하며 각자의 마음 속 자성을 뜻하기도 한다.

佛)이라 한다. 그러므로 주인공을 통해 중생과 부처가 만나며, 일체가 둘이 아니라 하는 것이다.

주인공은 다른 곳에 있는 게 아니라 주인공을 발견코자 하는 그 마음속에 있다. 우리가 요리할 때에 먹고 싶은 대로 재료를 준비해서 오븐에 넣으면 맛있는 음식이 되듯이, 필요한 대로, 원하는 대로 우리가 움직이는 그 살림살이 가운데 주인공의 면목이 드러나게 된다.

영원한 생명과 생각을 낼 수 있는 분별, 그리고 움직이는 육신, 이것이 삼위일체로 삼합이 되어 공전하게 하는 선장이자 길잡이가 바로 자기 주인공이다.

주인공은 거대한 용광로이다. 보이는 세계와 더불어 함께하는 일체 제불의 보이지 않는 절실한 대원력이 언제나 함께하는 용광로이다. 그러한 용광로가 내 속에 있다. 어떤 쇠든지 용광로에 들어가면 다 녹아내리듯 그 어떤 눈물도 자비로 화하고, 그 어떤 아픔도 감사의 염(念)으로 되살아나게 하는 용광로가 있다. 나를 고통스럽게 하는 어떤 업도, 어떤 환난도 그 앞에서는 한 점 눈송이일 뿐이니 주인공은 누구에게나 있는 마음의 신묘한 비밀이요, 모든 생명이 가지고 있는 불가사의한 힘이다. 그것이 바로 주인공의 위덕(偉德)이다.

주인공을 개별적인 것으로 알면 안 된다. 일체 법을 감싸고, 일체 법을 지탱하며, 일체 법을 굴리는 그 자리를 주인공이라 하는 것이니 어찌 '네 주인공, 내 주인공'하는 나눔이 있겠는가?

주인공의 본질이란 영원한 생명, 마음, 육신이 공체(共體)로서 공심(共心), 공생(共生), 공용(共用), 공식(共食) 하는 데 있다. 주인공은 일체 만법을 들이고 내는 능력을 갖추고 있다. 주인공은 빛깔도 없고 쥘 수도 없으나 자기를 움직이게 하는 주장자이다.

● 나의 실상

나의 진면목

영원한 생명과 마음과 육신이 삼각으로 둥글게 돌아서 인간을 이룬다.

마음 내기 이전과 마음 내는 것과 내 몸이 삼합이 되어 공전하는 것을 한마음으로 돌아간다고 한다.

한 생명이 세상에 출현하기 위해서는 부모의 정자와 난자가 합쳐진 때에 영원한 자기의 불씨가 같이 들어야 한다. 아무리 부모의 정혈이 합쳐진다 해도 영원한 생명의 불씨가 합해 들지 않는다면 자기가 이 세상에 출현할 수 없다. 그러므로 한 생명의 탄생은 아버지의 뼈를 빌리고 어머니의 살을 빌려 거기에다 자기의 억겁을 거쳐온 생명과 마음이 계합되는 것이라 할 수 있다.

정자와 난자가 결합했다 해도 영원한 생명이 없다면 합일이 되지 않아, 설사 육신이 만들어졌다 해도 그건 참된 인간이라 할 수 없다.

우리 내면에는 '중생으로서의 나(我)'가 아닌 영원한 그 무엇이 있다. 바로 나의 진면목, '영원한 나, 한 번도 나지 않았으므로 아예 죽을 바가 없는 무량겁의 나, 더러움에도 아예 물들 줄 모르고, 괴로움이라는 것으로부터도 홀연히 초월하여 불생불멸(不生不滅), 부증불감(不增不減), 불구부정(不垢不淨)의 지고지락(至高至樂)한 나'가 있는 것이다. 그러나 중생으로서의 나는 관념의 틀을 벗어나지 못함으로써 그 영원한 나를 만나지 못하고 있다. '영원한 나'는 언어나 문자로 수식할 수도 없고 의론(議論)을 통해 드러나는 것도 아니므로, 관념으로 알고자 하는 것은 통 속의 놀음에 지나지 않는다.

언제부터인가 중생들은 꿈같이 뒤집힌 생각을 하게 되었다. 그것이 어둠이 되어서 본래부터 밝고 맑았던 근본마음을 가리게 되었는데, 그것은 마치 밝은 태양과 맑은 하늘이 구름에 가려 보이지 않게 된 것과 같다. 그리하여 중생은 태양이 없는 줄로 알아 태양을 잊었고, 하늘이 어둠으로 덮인 줄 알아 맑은 하늘을 잊었다. 하지만 중생이 돌아가야 할 곳은 본래 부처였던 그 성품, 그 태양과 하늘인 것이다. 지금의 내 생각과 육신은 본래의 나에게 일어난 한 점 먹장구름일 뿐이다. 이렇듯 흩어졌다, 모였다 하는 구름과 같은 것이기에 스스로 '나'라고 믿어온 것의 실체는 없다고 하는 것이다. 아주 없어서 없다는 게 아니라 어느 때의 나를 나의 실체라고 내세울 수 없으니 없다고 하는 것이다.

사대화합의 육신

지수화풍(地水火風) 사대로 이루어진 이 몸은 다만 사대의 일시적인 화합이기에 인연 따라 모였다, 인연 따라 흩어지면서 생멸을 반복하고 있다. 따라서 생멸하는 것은 참다운 실상이라 할 수가 없다. 영원히 불변하고 불생불멸하는 진실상이 아니라면 어느 것이든 한낱 가상(假相)에 불과하다. 고로 육신은 가화합(假化合)이요, 환(幻)이라고 하는 것이다.

구름이 한데 모였다가 흩어지고 다시 다른 구름하고 모이듯이, 인간도 언젠가는 사대로 흩어져 원점으로 돌아갔다가 어느 계기에 다시 모여 세상에 태어난다. 그러므로 사대가 흩어지는 것을 허망하다 할 게 아니라, 흩어지고 다시 모이는 이 도리를 알아야 할 것이다. 마음공부를 하는 이에게는 세상만사가 무상한 것을 아는 중에 오히려 이 도리를 알고자 함이 있으니 세상이 허망하지 않다.

육신이 가화합(假化合)에 지나지 않는다고 하면 '참나'인 주인공은 이 가화합의 존재와 따로 있는가? 아니다. 주인공은 가아(假我)와 떨어져 따로 있는 것이 아니다. 오히려 이 모든 것의 근본이 되는 그 자체가 '참나'인 주인공이다. 그러면 '참나'는 어디에 있는가? 팔에, 다리에, 가슴에, 머리에? 그 어디도 아니다. 신체의 어느 특정한 곳에 있는 것이 아니면서도 내 안에 존재하고 있다. 본래의 나, '참나'는 내 육신을 형성시켜 놓고 깊숙이 있으면서, 삼천대천세계와 상응하며 진리로서 회전하고 있으니, 참으로 미묘하다 하지 않을 수 없다.

육신이 있어야 불법을 알 수 있다. 육신이 없다면 마음의 진화라는 것도 퇴화라는 것도 없다. 따라서 육신이 허망하다 하여 그 모습을 버리면서 불법을 알려 한다면 극히 잘못된 생각이다. 만약 육신이 없다면 혼백만 있는 것이니, 계발할 수도 없고 지혜를 넓힐 수도 없어 부처를 이룰 수가 없다. 아들이 있음으로써 아비를 알게 되고, 시자가 있음으로써 주인을 알게 되며, 유(有)의 법이 있음으로써 무(無)의 법이 같이 움직이는 도리를 알 수 있는 것이다.

몸 떨어지고 나면 무엇을 보고, 듣고, 부딪치고 생각하겠는 가? 꽃과 열매가 있음으로써 씨를 알고 뿌리를 알듯이, 비록 영원한 실체는 아닐지라도, 사대가 뭉친 이 몸이 있음으로써 한 생명, 한 자리, 한마음, 주인공을 알게 되는 것이다.

● 둘 아닌 도리[不二法]

세상은 거대한 한 그루의 나무와 같다. 뿌리는 보이지 않는 근본, 즉 불성을 뜻함이고, 수많은 가지와 잎은 그 뿌리에서 나온 현상계를 말한다. 그러나 이렇게 나누어 설명하는 것도 하나의 방편일 뿐, 본래는 따로 따로가 아닌 하나임을 알아야 한다.

바다에 파도가 일어 물방울이 수없이 일어났다 하더라도 그것이 가라앉으면 잔잔한 바다 그대로이다. 이 경우에 물방울은 중생이라 할 수 있고, 바다는 근본자리라고 할 수 있다. 작은 물방울 하나가 튀어 오른 것은 중생이 태어남이고, 스러지는 것은 중생이 몸을 벗고 근본으로 돌아가는 것과 같다. 이처럼 근본의 자리에서는 너와 나의 나눔이 없다. 네 조상, 내 조상의 나눔이 없다. 생명의 근본은 그렇게 크고 넓으면서 하나이다. 바다처럼 잔잔한 물로 한자리 하고 있다가,

때에 따라 작게도 크게도 나투며 삶과 죽음이라는 것을 보여
주는 것이다.

현상계에서 보면 뚜렷하게 둘이면서도 근본자리에서 보면
둘이 아니다. 근본으로는 둘이 아니면서도 색(色)으로는 둘
이다. 그러므로 '산은 산이요, 물은 물이다.'라고 하는 것이다.

천지가 근본을 통해 하나로 같이 돌아가고 있으니, 일체가
둘이 아니게 나툴 수 있어, 나 아닌 게 없다.

자신의 몸일지라도 '나만의 것'은 아니다. 공동체이다. 지금
이 지구 안에 별의별 동물들이 많듯이 내 몸속에도 별의별
생명체들로 가득하다. 그렇기에 자기 몸이면서도 '내 몸'이
아니라 공동의 몸인 것이다. 중생들은 육신을 자기만의 것으
로 생각하지만, 심장, 간, 위와 같은 장기 하나하나에도 수억
의 중생들이 있어 육신을 공유하고 있다. 이 모든 것이 자동
으로 하나 되어 돌아가고 있는 것이다. 사실, 나의 육신은 그
대로 소우주의 꾸러미와 같아 오장육부의 기능이라는 게 그
대로 우주의 기능과 같다. 거기엔 모든 과학과 철학이 다 들
어 있다.

● 인과의 원리

우리의 육신은 몸 안의 수많은 세포들로 그물을 짜 놓은 것처럼 가설되어 있으며, 지구는 물론 우주 전체도 그와같이 가설되어 있어 모두가 계합된 채 돌아가고 있다. 이처럼 우주와 인간계는 서로 근본을 통해 하나로 연결되어 같이 돌아가고 있으니, 내가 알면 우주 법계가 알고 부처가 알고, 전체가 안다고 하는 것이다.

남들이 보지 않는 데서 몰래 무슨 일을 했다 해도 모르는 게 아니다. 자기가 한 일은 의식적으로든 무의식적으로든 자기가 알고 있으니 이미 근본자리에 입력이 되었고, 근본자리를 통해 일체가 연결되어 있으니 우주 법계가 전부 아는 것이다. 따라서, 이 세상에 '나만 아는 일'이란 있을 수 없다.

거짓이란 바로 자기가 자기를 속이는 것이다. 속이는 것도 자기고 속는 것도 자기이다. 하지만 나의 근본, 주인공은 모든 것을 전부 알고 있기에 결코 속일 수 없고, 속지도 않는다. 주인공이 바로 하늘이요, 우주 법계이니 거기엔 티끌 하나만큼의 빈틈도 없다.

마음의 작용이란 거대한 컴퓨터에 비유할 수 있다. 한번 일으켜진 생각은 빠짐없이 수록된다. 생각한 사람은 그 생각이 사라졌으므로 그만이라고 여기겠지만, 그 생각은 어디 밖으로 나가 버린 게 아니라 어김없이 자기 마음 안에 입력된다. 그렇게 해서 잠재되어 있다가 다음번 생각을 일으키는 데 동원된다. 그러므로 두 번째 생각은 첫 번보다 더 의지적이게 되는데, 가령, 처음 생각이 나쁜 것이었고 두 번째 생각도 그와 다르지 않다면, 두 번째 생각은 첫 번째보다 좀 더 나빠진 것이 될 수 있다. 그와 같이 연거푸 입력되면서 꼬리에 꼬리를 물고 계속되는 동안, 마음은 이렇게 자주 생각 내는 쪽으로 기울게 되어, 생각은 마침내 행동으로 옮겨지게 된다. 따라서, 나쁜 생각은 스스로 다잡지 않으면 나쁜 행동으로 나타나는 것이다.

마음이 움직여 한번 생각을 일으킨 것이면 하나도 빠짐없이 수록이 되는 것이므로 마음 작용은 현재 의식만을 가지고 이야기하는 것이 아니다.

살아생전에 아귀 축생의 마음을 냈다면 죽어서도 아귀 축생계를 못 면할 것이고, 살아생전에 천상의 마음을 냈다면 죽어서도 극락에 갈 것이다. 그것은 누가 보내서 가는 것도 아니고, 가고 싶다고 해서 가는 것도 아니다. 자신이 지은 대로 그리되는 것뿐이다.

'한 번 사는 인생, 나 좋을 대로 살다 가면 그뿐 아니냐?'라고 생각하는 사람들이 있다. 그러나 우리의 삶은 이생에서 끝나지 않음을 알아야 한다. 또한, 나 혼자 몰래 혹은 나도 모르게 하는 일까지도 그대로 기록되었다가 업이 되어 내게 되돌아온다는 진리도 알아야 한다.

인과는 썩지 않는 씨앗과 같다. 선한 씨를 뿌리면 선과가, 악한 씨를 뿌리면 악과가 온다. 인과의 씨는 썩지 않고 나고 또 나며, 돌고 또 돈다.

사람들은 인과응보에 얽힌 업을 사량심(思量心)으로 풀려고 한다. 그러나 그것은 추운 겨울에 커다란 얼음 덩어리를 녹여 보겠다고 끓는 물 한 바가지를 들어붓는 격으로, 잠시 녹는 듯하다가도 이내 부은 물까지 덧 얼어 얼음 덩어리만 키우고 만다.

업은 모든 반연(絆緣)에 얽매이지 말고 근본마음으로 돌아가 절로 녹게 해야 한다. 제아무리 큰 얼음 덩어리라도 봄이 오면 자연스럽게 다 녹게 되니, 근본마음으로 돌아가는 것은 추운 겨울을 보내고 봄을 맞는 것과 같다.

악업의 인연은 질기기가 삼줄 같다. 그러나 선업의 인연은 부드럽기가 고요히 타오르는 불과 같다. 삼줄은 불을 묶을 수 없으나, 불은 삼줄을 태워 버릴 수가 있다. 그러므로 되도록이면 선업을 지어야 할 것이다. 그러나 선업도 업이다. 일단 기록된 이상 입력된 것이 거꾸로 나를 지배하게 된다. 악업은 나쁜 과보를 낳고 선업은 선한 과보를 낳을 뿐이지, 윤회에서 벗어나지 못한다는 점에 있어서는 선업과 악업에 아무런 차이가 없다. 비유해 보면 둘 다 노예이기는 마찬가지이다. 다만, 한 경우는 나쁜 주인을 만나 갖은 고생을 하는 노예라면, 다른 한 경우는 좋은 주인을 만나 상대적으로 편안하게 살아가는 노예인 거다. 그런데 언제까지 이렇게 노예로 살아갈 것인가?

녹음이 되어 있는 테이프에 다시 녹음을 하면 앞서의 녹음 내용은 지워지고 새 내용이 녹음된다. 이렇듯 앞서 지은 악업은 선업으로 재녹음될 수 있다. 그러나 선업을 녹음하기보다는 악업도 선업도 모두 쉬고, 이 도리를 알아 진리에 맡겨 둠으로써 공테이프를 만들어라. 비유하자면 그것은 오랜 세월 동안 먼지에 뒤덮인 거울을 한 번 깨끗이 닦아냄으로써 맑은 거울로 되돌려 놓는 이치와 같다.

● 진화의 원리

윤회와 환생

사람이 나고 죽는 게 윤회이지만, 태어나서 늙는 것도 윤회이고 사계절이 돌아드는 것도 윤회이다. 물방울이 돌고 돌면서 천차만별로 생명체를 먹여 살리는 것도 윤회이며, 별들의 생성과 소멸도 윤회이다. 일체 만물만생이 다 그렇게 윤회를 하며 산다. 살다가 그냥 없어지는 게 아니라 끝 간 데 없이 돌아가고 있다. 그런 윤회의 고리가 없다면 아마 '자연의 이치', '진리' 이러한 말은 존재하지도 않았을 것이다.

인간으로 올라오려면 천 년의 공을 닦아야 가능한 일이다. 사람 한번 되기가 이렇듯 어렵다고 하는데도 많은 사람이 그 전에 살던 습을 못 놓고, 항상 자기 자신, 자기 것만 아니까 고(苦)가 끊일 새가 없는 것이다. 그렇게 살면 진화해서 승진하기는커녕 끝 간 데 없이 세세생생을 쳇바퀴 돌듯 빙빙 돌거나 아니면 좌천하여 짐승의 허물을 뒤집어쓰기도 한다. 한번 짐승의 허물을 쓰게 되면 먹고 먹히다 끝나는 처절한 삶을 살게 되니 한 생각 해볼 겨를조차 없게 돼, 수 억겁을 가도 그 허물을 벗기가 어려워진다.

윤회가 없다면 진화도 없다. 윤회는 성불케 하는 힘이다. 따라서 윤회는 업보에 의한 시달림이 아니라 진화의 과정이요, 수행을 가능케 하는 바탕이다. 지금 살아가는 순간에도 죽고 나기를 되풀이 하고 있는 것이니, 죽음이란 것도 그런 윤회의 한 마디, 한 과정에 지나지 않는다. 죽었기에 오늘을 살게 되듯, 산다는 것과 죽는다는 것은 언제나 동반 관계요, 함께 일어나는 일이다. 그러므로 죽음 속에 이미 삶이 있고 삶 속에 이미 죽음이 있으니 찰나로 변해 돌아가는 이것, 윤회야말로 나를 갈고 다듬어 성불케 하는 힘인 것이다. 윤회가 없다면 부처가 될 수 있는 길도 없는 게 된다.

죽음이란 변치 않는 나의 근본마음, 주인공이 옷을 갈아입는 것이다. 우리가 입던 옷이 낡아지면 새 옷으로 갈아입듯이 주인공도 쓰던 육신을 바꾸는 것뿐이다. 헌 옷의 처지에서 보면 죽음이 고통, 슬픔이겠지만, 새 옷의 처지에서 보면 죽음은 기쁜 탄생이다.

몸을 벗어도 식(識)은 남는다. 그런데 때로는 자기의 육신이 없다는 생각을 하지 못해, 살아있는 상대방은 보지도 듣지도 못하는데, 제 욕심만으로 상대를 괴롭히게 되는 경우가 생기기도 한다. 그리되면 살아있는 다른 사람들은 원인을 알 수 없는 병에 시달리거나, 가정이나 사회에서 알 수 없는 불화가 일어나기도 한다. 그렇기에 육신을 가지고 살아 있을 때 진실로 마음 닦는 공부를 하라고 하는 것이다. 갈 때도 걸리지 않고 홀가분하게 갈 수 있기 때문이다. 죽어서도 얽히고설킨 게 다 붙어 돌아가면, 오도 가도 못하고 중음신(中陰神)으로 떠돌게 되는 경우도 있다.

자기 마음을 다스리면서 근본자리에 일체를 놓는 수행을 하지 않은 사람은, 죽었을 때 그 의식 그대로 눈멀고 귀먹어 캄캄한 가운데 전혀 분간할 수 없기에 돼지 집으로 들어가기도 하고 까치 집으로 들어가기도 한다. 그러나 수행을 한 사람은 마음이 밝디밝아서 온 방 안을 고루 비추니, 자기뿐만 아니라 그 법을 모르는 가족들도 밝게 살 수 있도록 도와준다.

깨달은 사람에겐 나툼이고 깨닫지 못한 사람에겐 윤회이다. 일체 만물만생이 잠시도 머무름이 없이 나투고 돌아감을 모르는 사람에게, 그것은 인과에 따른 윤회일 뿐이나 깨우치면 나툼이다.

진화와 창조

때가 되면 왜 육신을 벗게 되는가? 그것은 차원을 바꾸기 위한 절차이다. 애벌레가 자라서 나비가 되고 매미가 되는 과정처럼, 더 차원을 높여서 제 몸을 형성시키고자 하는 절차인 것이다. 예를 들어, 다리가 짧아 불편했으면 더 길게 만들고 길어서 불편했으면 짧게 만들기 위해 그렇게 하는 것이니, 실은 자유자재로 해 나가는 과정이다. 물리(物理)가 터지고 지혜를 샘솟게 하는 과정이다.

사람이 삶의 체험을 통해 완숙해지고 더욱 지혜롭게 되어, 살면서 불편했던 것, 하고 싶었던 것, 그런 것들을 바꿔 그대로 반영해서 되 나오게 된다. 수 억겁 년 동안 이러한 진화의 과정을 거쳐 인간의 몸을 받기에 이르렀는데 다시 좌천해서야 되겠는가?

인간의 처지에서 볼 때 쓸데없고 하찮은 것들이 왜 생겼을까 하지만, 모든 존재는 진화의 과정에 있는 것이다. 따라서 그것은 우리의 과거 모습이자, 옛 친구들이며, 인간에 이르는 진화 과정의 증명들이다. 사생(四生)이 미물에서부터 진화되어 가는 것을 보면 연달아 줄을 잇고 있는 것과 같고, 또 생명체마다 그 몸 안에 사생이 각기 있어서 몸 안에서 또 진화하고 있으니, 어디가 중심이고 누가 기준점이냐 하기도 어렵고, 어디가 시발점이고 어디가 종점이냐 하기도 어렵다. 세상 모습을 보면 시발점도 종점도 없으니 그대로 중용(中庸)이라 해야 옳을 것이다.

진화의 과정에서 보면 생물들이 환경의 영향을 받아 적응하는 일면이 있지만, 보다 근본적인 것은 그 의식에 달려 있다. 예를 들어, 꼬리가 있었는데 그 꼬리가 불필요하다고 느끼게 됨으로써 꼬리가 사라졌고, 날개가 필요없다고 느끼게 됨으로써 날개가 작아지고 사라지는 것이다. 참으로 신기한 일이 한둘이 아니다. 만약 우리가 현재의 모습에서 불편한 점이 있어서 그것을 변화시키고자 하는 마음이 강해진다면, 미래의 인간 모습도 변모할 것이다. 모든 존재의 형태는 마음에 의해 형성된 것인데 그렇게 할 수 있는 마음의 힘은 어디에서 비롯되었겠는가? 바로 내 근본마음, 주인공이 있기에 가능한 일이다.

세상을 살펴보면 살아 있는 모든 것은 쉴 새 없이 움직이고 있다. 새는 새대로, 산짐승은 산짐승대로 바삐 움직이고, 온갖 벌레와 미물들도 나름대로 부산하게 움직이고 있는데, 이는 모두가 좀 더 진보하고자 하기 때문이다.

모든 생명은 차원이 높으면 높은 대로 낮으면 낮은 대로, 그 나름대로의 마음이 있다. 그 마음은 육신의 주인이니 육신은 다만 마음이 하고자 하는 대로 움직일 뿐이다. 그런데 그 마음은 어제보다 더 나은 오늘, 오늘보다 더 나은 내일을 바라며 노력하고 궁리한다. 그러한 마음의 공덕으로 생명은 진화를 거듭하게 되는 것이다.

진화의 완성은 대자유, 무량공덕의 부처가 되는 것인 바, 그러므로 모든 생명은 그 완성으로 가는 과정에 있다. 따라서 모든 생명은 우리와 같은 구도(求道)의 형제들이며 삼계(三界)는 그런 구도자로 가득 찬 대도량이라 할 수 있다.

진화와 창조가 다 한마음의 나툼이다. 진화란 마음의 차원이 높아지는 것을 뜻한다. 마음의 차원이 달라짐으로써 육신의 기능도 달라지고 모양 역시 달라지는 법이다. 옛날에 살던 몸집이 큰 동물들이 사라지거나 모습을 바꾸게 된 것은 사는 동안에 마음의 차원이 달라진 까닭이다. 창조란 곧, 마음의 설계에 의해 밖으로 내놓음을 말한다. 마음의 설계가 있음으로 해서 달라진 몸이 겉으로 나온 것이니 진화이면서 창조요, 창조이면서 진화인 것이다.

기어 다니는 벌레가 한번 날기를 바랐을 때 그 날고 싶다는 마음은 진화의 원동력이 된다. 마음의 차원이 높아져 육신의 기능이 발달하여 드디어 몸을 벗고, 나비로 훨훨 날 수 있게 되었을 때, 그러한 드러냄을 창조라 할 수 있다. 말하자면, 마음의 설계에 의해 결과물을 밖으로 내놓은 것이다. 그러나 창조되고서도 그 자리에 그냥 고정되어 있는 게 아니니 창조는 그대로 나툼이다. 마음이 진화와 창조를 이루는 것이니 진화와 창조는 따로 돌아가는 것이 아니다. 퇴화도 또한 마음이 그 근본이니, 다 마음의 나툼이다.

● 진리의 실상 – 공(空)의 나툼

진리란 어느 한 찰나도 멈추지 않는 흐름, 곧, 흘러 통하는 것, 살아 있음을 말한다. 세상에 고정된 것은 없다. 오직 흐름이 있을 뿐이다. 시발점도 종점도 없이, 온다 간다도 없이 그냥 여여(如如)하게 걸림 없이 흐르는 물과 같은 흐름이 있을 뿐이다.

실상은 가려져 있다. 아니, 중생의 눈에는 가려진 것처럼 보인다. 실상은 본래 태양 아래 드러난 사물처럼 명명백백하지만, 중생에겐 그런 실상이 보이질 않는다. 알고 보면 불법이란 모든 사물의 실상을 바로 보는 것이 그 전부인지도 모른다. 부처님께서 팔정도(八正道)를 가르치실 때 맨 처음으로 하신 말씀이 '바로 보라.'는 것이었다. 바로 보면 반야(般若)요, 반야면 해탈(解脫)이니, 중생이 바로 볼 수 있다면 눈 앞에 펼쳐진 수많은 고통과 번민, 부조리와 갈등은 사라지게 된다. 이런 것들은 본래 뿌리가 없어 공한 것일 뿐, 근본모습이 영원하다는 것을 소소영영(昭昭靈靈)하게 알 것이기 때문이다.

물고기가 물에서 살듯이 우리는 진리 안에서 살고 있다. 그러니 우리의 살림살이 가운데서 진리를 찾을 일이다. 진리를 다른 곳에서 구하고자 한다면, 그것은 물고기가 물 밖에서 물을 찾으려는 것과 같다. 시공을 초월한 이 진리는 우리가 숨을 들이쉬고 내쉬듯이 한시도 멈추지 않고 돌아가고 있다.

찰나찰나 변한다는 것은 한편 찰나찰나 죽는다는 뜻이 되지만 다른 한편으로는 찰나찰나 되살아난다는 뜻도 된다. 어리석은 사람들은 찰나로 이미 변해버린 지난 것들에 착을 두어 헛되이 삶을 살지만, 현명한 사람들은 찰나로 변하는 이 이치를 잘 활용하며 자유롭게 산다.

매 순간 어느 것 하나 고정됨이 없고 오직 화하여 나툼만 있을 뿐이니 짊어지고 갈 것이 하나도 없다. 그러므로 본래 '나'라고 하는 고정관념이 없으면 '고(苦)'라는 것이 없다. 이처럼 짊어질 게 하나 없음에도 나의 의식을 고정관념에 묶어 놓으니 그것이 고가 되어 짊어지고 가게 되는 것이다. 일체가 공(空)해서 찰나찰나 돌아가는 것을 진정으로 안다면 붙들고 늘어질 게 없음을 알 것이다. 색(色)이 공이요, 뜻이 공이요, 말이 공이요, 이름이 공인 줄 알 것이다.

어느 때의 나를 '나'라고 할 것인가? 일어설 때 다르고, 앉을 때 다르고, 움직일 때 다르고, 머물 때 다른데, 어느 때의 나를 '나'라고 할 것인가? 친구를 만났을 때의 나와, 형제를 만났을 때의 내가 다르니 어느 때의 나를 '나'라고 할 것인가? 어릴 적의 나를 '나'라고 할 것인가? 늙어서의 나를 '나'라고 할 것인가? '나'라는 것에도 고정됨이 없듯이, 일체가 본래부터 '이것이다.'라고 고정된 그 무엇이 없다. 그러기에 공하다고 하는 것이다. 달리 말하면 없어서 공한 게 아니라, 너무 많아 꽉 차서 공한 것이다.

한 걸음을 떼어놓으면 지나간 발걸음은 보이지 않는다. 오로지 지금 막 내딛는 발걸음만이 있을 뿐이다. 그런데 그 발걸음조차도 있는가 싶더니 떼어놓는 순간 잡을 길이 없게 된다. 고정됨이 없는 이치는 이러한 발걸음과도 같다 하겠다.

공(空)은 아무것도 없다는 뜻이 아니다. 유(有)로 살리기 위한 공(空), 유(有)와 다름없는 공이다. 유로 창조되어 머물지 않고, 유로 나투는 공인 것이다. 살면서 죽고, 죽으면서 사는, 그야말로 단 한 순간도 고정됨이 없이 흐르고 도는 모습을 말하는 것이다. 공은 죽은 공이 아니라 살아있는 공이다. 텅 비었다 함은 꽉 찼다는 뜻이다. 너무 다양하게 많으니 이루 다 말할 수 없어서 '무(無)!' 하기도 하고, 그것으로도 안 되니까 다시 또 '무(無)!'라고 한 것이다.

제3장
마음과 과학

현대과학 문명이 아무리 고도화되었다 할지라도, 마음을 계발해야만이 한계를 뚫고 나아갈 수 있다. 마음을 계발하지 않는다면 점점 살기 어려운 시대가 다가오게 된다. 왜냐하면 물질과 정신의 발달이 병행해야 조화로운 세상이 되어 평탄할 텐데, 지금은 물질로만 치달아 막다른 골목으로 들어가는 형국이기 때문이다.

물질이 인간을 끌고 가는 게 아니라 인간의 근본마음이 물질을 끌고 가는 것이다. 이러한 근본마음을 모른다면 물질과학엔 한계가 있다. 그러기에 심성(心性)으로 되돌려 들어가야 한다. 과학의 바탕은 일체 마음으로부터 나오는 것이기에, 아무리 많은 과학자들이 분야별로 다양하게 연구를 한다 해도 근본마음을 알아야만 계속해서 발전할 수 있다.

이 세상에서 가장 빠르다는 빛도 마음보다는 빠르지 못하다. 그러므로 마음을 깨치면 모를 것이 없고 닿지 못하는 데가 없다. 현대과학이 크게 발전했다 하더라도 부처님의 위대한 법력엔 짐작도 하지 못하는 바가 많다. 그러나 마음의 신묘한 도리를 깨닫게 된다면 지금 현대과학이 맞닥뜨려 있는 한계도 얼마든지 뛰어넘을 수 있다. 예를 들어, 마음을 깨친 이들에게는 수성이나 화성, 목성, 금성 등을 가서 살펴본다는 게 그리 어려운 일은 아니다. 뿐만 아니라 불치병으로 분류되는 여러 질병들도 고치지 못할 바가 없고, 차원도 사차원이 아니라 시공을 뛰어넘는 초차원의 경지를 넘나들 수 있다. 석가모니 부처님께서는 그런 일이 사람들을 미혹하게만 할 뿐 아무런 이득이 없음을 아시고 조심하셨던 것뿐이다.

마음의 힘을 간절하게 믿고 깨우쳐 들어간다면 육안으로 포착되지 않는 영(靈)의 문제나 신의 문제까지도 자세히 살펴질 것이다. 마음법이야 말로 묘법 중의 묘법이다.

의학이 발달되었다 해도 마음의 도리를 모르기 때문에 문제를 30%밖엔 해결하지 못하고 있다. 나머지 70%는 어떻게 해결할 것인가? 요즈음의 과학은 보이는 현상계만을 다루고 있으니 전체의 실상을 제대로 파악할 수 없다. 전체의 실상을 제대로 파악하려면 보이지 않는 나머지 세계를 알아야 한다. 그러기 위해서는 마음법을 계발하지 않으면 안 된다. 의학, 물리학, 천문학, 공학, 지리학, 생물학 등도 모두 마음을 통해 잠재의식과 현재 의식이 계합되어 일심으로 돌아가지 않고서는 연구를 완전히 해낼 수 없다.

인간이 유의 세계의 궁극에 이르러 무의 세계로 넘는 문을 발견할 수 있는 길은 석가모니 부처님만 가르치신 게 아니라 많은 성인들이 다 가르치셨다. 숨을 들이고 내쉬는 교차로에 삶과 죽음이 있듯이 물질문명이 고도로 발달된 지금은 거꾸로 돌아서 정신세계의 교차로를 넘어서야 한다.

지금 과학자들이 외계 생명체와의 전파 교신을 시도해 보겠다고는 하지만, 단순히 기계에서 나오는 전파를 통해 외계 생명체와 연락한다 함은 근본 도리를 모르는 처사이다. 모름지기 나를 떠나서는 통로가 막혀 있으니, 마음으로부터 나의 무선 전화를 가설해야 통로가 바로 트이고 서로 소통이 된다. 그렇게 물리(物理)가 터지면 두루 보고, 두루 들을 것이며, 두루 파악할 수 있게 된다. 스스로 마음속의 통로를 알면 벽도 천장도 없으니 어디든 닿지 않는 곳이 없고, 전체가 하나로 통하게 된다.

인간은 어떻게 현재의 모습으로 나오게 되었는가? 여러 가지 설(說)이 있지만 어느 하나로 규정할 수 없다. 왜냐하면 사대가 뭉쳐 사생으로 나투는 중에, 유전자의 진화력에 의해 구르고 구르면서 억겁을 거쳐 갖가지 체(體)로 나투었기 때문이다. 축생이라 해서 그 모습 그대로 있는 게 아니고 인간이라 해서 인간대로 고정됨이 없으니 마음으로 자기의 체를 자기가 형성케 한 것이다.

사람들은 우주에 법망이 있다는 것을 모르나 법망은 엄연히 존재한다. 따라서 과학의 기술로 우주선을 띄울 수 있다 해도 법계의 허가 없이는 분명히 잘못되는 수가 있다. 이러한 문제는 마음법을 무시한 과학기술만으로는 근본적으로 해결할 수 없다.

팽이가 운동 중심이 잘못되면 똑바로 돌지 못하고 미치광이처럼 돌듯이, 은하계도 무전자*의 삼각 받침대가 없다면 똑바로 궤도를 돌 수가 없다.

다른 행성에는 생명체가 없다고들 하는데 우리 눈에 보이지 않는다고 생명체가 없는 것은 아니다. 중세계인 이 지구에서는 보이지 않는 생명들을 키로 까부르고 체로 걸러서 위로

---

* 무전자: 무(無)의 세계와 유(有)의 세계가 어울려 돌아갈 수 있게 해주는 매개체이다. 물질계에서 유전자들이 형성해 놓은 것들을 무의 세계와 균형 있게 돌아갈 수 있게 해주는 받침 역할을 한다. 달리 표현하자면, 정신계에서 물질계로의 오고 감이 자유로울 수 있도록 해주는, 그 어떤 것이라고 할 수 있다. 체(體)를 가지고 있는 상태에서는 이러한 역할을 할 수 없으므로, 체가 없다는 측면에서는 무의 세계에 속한다고 할 수도 있겠으나, 이것이 오고 가며 작용하여 보여지는 곳은 현상계이니, '무의 세계에 속한다, 유의 세계에 속한다'라고 구분 지어 말할 수는 없다.
  한편, 여기서 유전자란, 의학에서 사용하는 용어, 'genome'이 아닌, 현상계(물질계)를 형성하고 돌아가게 하는 어떤 구성체를 뜻한다. 도저히 체를 가지고 있다고 할 수 없을 정도로 작아 모양을 규정지을 수는 없으나, 가느다란 형태, 또는, 그와 같은 움직임을 가지고 있다고 보여진다. 〈대행큰스님의 무전자와 유전자에 관한 설명 축약〉

던질 것은 던지고 아래로 보낼 것은 아래로 보낸다. 각 행성에서는 이렇게 각자 맡겨진 소임을 하는 것이다.

마음공부를 한다면 나의 근본인 주인이 스스로를 보살피니 자기 본연의 정신을 빼앗겨 남에게 휘둘리지 않게 된다. 우리 인간도 낮은 차원의 다른 생물들에게 그래왔듯이, 인간보다 높은 차원 세계의 생명들에게 실험 대상으로 이용될 수도 있다. 만약에 지금까지 진화해오면서 갖춰진, 인간으로서의 모든 능력까지도 몽땅 빼앗긴다면 그래도 괜찮겠는가? 과거 미생물로부터 수 억겁 년 동안 지금의 인간으로 진화해오면서 우리는 우리를 있게 한 주인인 근본마음이 있음을 알게 되었다. 그런데 어째서 농락을 당하면서 살겠는가? 이러한 이야기를 하는 이유는 과학을 공부하는 사람들을 위해서, 또 인류의 앞날을 위해서, 수십 번 다시 태어날지라도, 수십억 년이 다시 걸리더라도 이러한 마음도리를 모두가 알아야 어떤 상황이 벌어지든지 지혜롭게 헤쳐나갈 수 있기 때문이다.

기어 다니는 벌레들은 땅 넓은 줄만 알았지 하늘 높은 줄은 모른다. 마찬가지로 인간은 이 지구 안에서만 살아, 지구 방식의 습에 젖어 지구식대로 생각하고 지구식대로 볼 줄만 알았지, 지구를 벗어나 우주로 나가 기존의 고정관념을 버리고 다르게 볼 줄은 모른다. 예를 들어, 중세계인 지구에서 체를 갖고 진화해 왔기 때문에 이같은 체가 있어야만 생명이 존재하는 줄 알지, 체가 없어도 생명이 존재할 수 있다고는 생각 안 한다. 또한, 많은 사람이 지구에 있는 것과 같은 공기가 있어야만 생물이 살 수 있다고 생각한다. 그러나 보다 넓고 높은 의식 차원에 다다른 사람들은 다른 행성, 다른 세계에 지구와 같은 삶의 방식이 아닌 전혀 다른 삶의 방식이 있음을 알게 된다. 그러기에 마음을 떠난 공부는 아는 게 하나도 없다고 하는 것이다.

우주에는 보이지 않는 생명들이 충만해 있다. 이 지구에만 우글우글한 게 아니라 다른 행성에도 우글거린다. 인체에 있어서 동맥, 정맥을 통해 피가 돌고 오장육부가 맡은 바 책임을 다하듯이, 은하계도 지구도 그렇게 빈틈없이 각각의 역할을 다하고 있다. 이렇듯 일체가 자기 맡은 바 소임을 잘하면서, 서로가 서로를 믿고 의지해 안정할 수 있는 마음이 있으므로 해서 전체가 하나가 되어 돌아가는 것이다.

그 마음 그대로

물이 맑으면 달이 나타나 보이지만
물이 흐리면 달은 숨어 버린다.
그러나 맑은 물따라 달이 오는 것이 아니요
흐린 물따라 달이 가는 것도 아니다.
모든 번뇌와 망상을 깨끗이 여의고
맑고 청정한 마음이 생기면
부처는 저절로 나타나리라.
청산은 말이 없고 육수는 터가 없으니
이와 같이 내 마음도 정중하여 변치 않으면
그 마음 그대로 부처이시네.

대행선사 선시 중에서

제2부 수행

4장: 마음의 묘용-마음내는 도리
5장: 믿음이 근본
6장: 관(觀)-맡겨놓고 지켜보라
7장: 깨달음

제4장
마음의 묘용 – 마음내는 도리

깊고 간절한 마음은 미치지 못하는 곳이 없다. 마음이야말로 참된 에너지이다. 진화를 낳고 세상을 개선케 할 에너지이다. 그러나 그것을 믿지 않기 때문에 그런 에너지를 활용하지 못하고, 그러기에 현실로 발로(發露)가 되질 않아 실감하지 못하는 것이다.

마음은 자력, 광력, 전기력, 통신력 등 무한의 능력을 다 갖추고 있다. 그러므로 일체를 '내가 한다.'는 생각 없이 한다면 아주 역력하고 당당하게 두루 쓸 수 있는 것이다. 내 근본에 있는 종합된 에너지가 법계에 두루 통하고 있음을 그대로 알아라.

만물만생이 이심전심으로 통하고 있으니 어느 것 하나 함께 돌아가지 않는 게 없다. 그러므로 부처님을 상징하는 불상에 절을 할 때도, 부처의 마음과 내 마음이 둘이 아님을 알아 일체가 계합된 전체와 한자리하고 앉으면, 모두 부처의 마음으로 합쳐지기도 하고 부처의 마음이 내게로 합쳐지기도 한다. 또, 위패에 모셔진 영가의 마음을 내 마음과 둘 아니게 한마음으로 돌린다면 영단을 치워 버릴 수도 있으며, 목신(木神)이나 지신(地神)을 둘 아닌 마음에다 넣는다면 나무를 자르거나 땅을 개발해도 아무 일이 없게 된다. 이러한 도리는 기계에도 통하니 기계를 내 마음으로 한데 합쳐 둘 아니라고 볼 때는 둘이 아닌 까닭에 작업이 무난히 잘 될 것이다.

마음으로 사람이 지옥고에 떨어지기도 하고, 바로 승천하기도 한다. 마음 한번 잘못 쓰는 데서 바로 구덩이에 빠질 수도 있고, 빠진 구덩이에서 나올 수도 있다. 그런데도 중생들은 마음 씀씀이 하나하나가 얼마나 중요한지를 모르고 산다. 천상의 복, 지옥의 죄가 다 한 생각에 의해 좌우된다.

중요한 것은 말할 나위도 없이 마음을 진화시키는 것이다. 마음은 살아생전 자기가 지은 행위로부터 그 어디로도 도망칠 수 없으며, 마음은 육신이 죽어도 사라지지 않는다. 단지, 깨달음에 도달해서야 비로소 이 모든 것에서 벗어날 수 있기에, 마음을 진화시키는 것은 목숨과 바꾸어도 아깝지 않을 만큼 소중하다. 이치가 그러함에도 거꾸로 마음을 타락시키느라 애쓰는 사람들이 많다.

자기 마음속에 엄청난 보배가 있다. 왜 없다고 생각하는가? 내 마음에 엄청난 보배가 있음을 믿어라. 그 보배를 생활 속에서 자유롭게 활용할 수 있도록 해주는 것이 한마음 공부이다. 이 공부는 세상에서 가장 큰 공부이다. 허공처럼 탁 트인 마음으로 싱그럽게 살면서 항상 지혜와 자비심이 콸콸 넘치게 해 주니, 이보다 더한 공부는 없다.

'한 생각 낸다.'라는 생각조차 없이 마음을 내야 된다. 우리가 일반적으로 '생각을 한다.'는 것과 '마음을 낸다, 들인다.' 하는 것은 다르다. '마음을 내고 들인다.'라는 것은, 그 어떤 한순간에도 주인공을 여읜 일이 없기에 모든 번뇌와 경계를 되돌려 놓는 것도 자동적으로 주인공이 하게 되는 상황을 뜻함이다. 우리가 어떤 말을 하든, 행동을 하든, 주인공에 대한 그러한 믿음이 있다면 마음의 중심이 바로 섰다는 뜻이니, 마음의 중심이 바로 선 거기에서는 '낸다, 들인다.' 하는 그사이에 한 치의 틈도 없게 된다. 그러므로 '한 생각 낸다, 들인다.'라는 생각이 붙으면 그것은 이미 걸린 것이니 한 생각을 낸 것이 아니다.

머무르지 않는 데서 생각을 내야 한다. 머무르는 데서 생각을 낸다면 바깥 경계에 끄달려서 유의 세계의 노예가 될 것이다. 그렇다고 바깥 경계를 무시한다면 그 또한 머무르는 자리에서 생각을 낸 것이므로, 무의 세계의 노예가 된다. 모름지기 영원한 친구, 바로 자기의 근본마음을 진실로 믿는다면, 생각 내는 자리를 저절로 알게 될 것이다.

주인공에 놓고 쉰다는 것은, 나의 근본자리로 돌아간다는 뜻이다. 만법이 그 한자리에서 출현하였으니 그 자리로 돌아가 한 생각 내면, 그것이 그대로 법이 된다. 이렇게 근본자리에 다 놓았을 때 나오는 한 생각이, 찰나에 천 리도 갈 수 있고, 저승에 갈 수도 있고, 미래로 갈 수도 있고, 과거로 갈 수도 있다.

한 생각 내는 것은 중계자의 역할과 같다. 즉, 이 육신에게도 중계자이고 나의 본래면목, 나의 근본에게도 중계자의 역할을 한다. 비유하건대, 무전 통신을 하는 것이라고 할 수 있다. 그냥 한 찰나에 법계 전체로 전달되기에 가깝고 멀고가 없다.

흔히들, 한 생각을 내면 그것 자체로 끝난다고 생각하여 대수롭지 않게 여기는데 사실은 그렇지 않다. 한 생각 던져 놓으면 언젠가는 되돌아 나오게 된다. 그야말로 자동이라고 할 수 있다. 한 생각이 그대로 여여하다 하는 것은, 바로 한 생각이 자동적으로 그렇게 돌아감을 의미한다.

'안 된다, 안 되겠구나.'라는 부정적인 생각이 드는 순간에 바로 되받아쳐라. '안 되긴 뭐가 안 돼! 이것은 바로 주인공이

하는 일인데!' 하고 긍정적으로 되돌려라. 그 일이 되어지는 속에서 마음의 능력, 마음의 묘법을 알게 될 것이다.

잘못 낸 한 생각으로 인해 몸을 망치기도 하고 가정을 망하게도 하며 더 나아가 사회, 국가, 지구, 우주를 망치기도 한다. 모두가 한 몸, 한 집이며 한 동네, 한 우주이고, 내 마음 속에 우주, 지구, 부처님, 세상 돌아가는 모든 이치가 다 들어 있기 때문이다. 그러므로, 설사 내 몸이 병들어 있을지라도 찰나찰나 한 생각을 잘 낸다면, 몸속의 중생들 하나하나가 모두 한마음으로 돌아가 보살로 제도 되어 건강한 몸이 될 수 있다.

잠재해 있는 생각 하나가 일생을 망쳐 놓을 수도 있고, 일으켜 세울 수도 있다. 재물, 화목, 지혜, 건강 따위의 문제가 모두 잠재된 한 생각의 차이로 벌어진다. 예컨대, 자식을 기를 때에도 부모들의 언행이 알게 모르게 아이들에게 입력되어, 자라면서 한 생각을 어떻게 내느냐를 좌우하기 때문에 그 아이들의 장래에 커다란 영향을 미치게 된다.

한 생각이면 가난도 면할 수 있고, 한 생각이면 질병도 낫게 할 수 있고, 한 생각이면 남들도 유익하게 거둘 수 있다. 마음은 한계가 없어 우주를 싸고도 남는 것이니, 둘 아닌 도리를 안다면 무엇이든 한 아름에 안을 수 있다. 내 상(相)을 내세우지 말고 그야말로 무주상(無住相)으로, 예컨대, 잔잔하고 고귀하고 겸손한 그런 마음으로 한 생각을 낸다면, 그 한 생각이 그대로 법이 되고 그대로 약이 된다. 모든 에너지가 같이 돌아가게 된다.

마음을 낸다거나 마음을 쓴다고 해서 그것이 물질처럼 없어지거나 줄어드는 게 아니다. 마음을 낸다는 것은 물질로 육신의 안위를 돕는 것과는 다르다. 그것은 보살의 사랑이다. 자기와 둘 아닌 자리에서 아픔을 같이함으로써 나오는 자비심인 것이다. 이런 마음이야말로 우리 자신을 진실(眞實)로 이끄는 힘이다.

제5장
믿음이 근본

먼저 우리는, 부처를 이루는 힘, 불성이 우리 안에 있음을 믿어야 한다. 그런 다음에, 정원사가 꽃나무를 가꾸듯이 불성을 살려내야 한다. 겨우내 잎이 다 떨어져 마치 죽은 듯이 보이는 나무도 이듬해 다시 무성한 잎을 피울 힘이 그 안에 있다는 걸 우리는 당연히 받아들인다. 그런데 우리 자신에게도 그와 같은 능력이 있다는 것은 모르고 있다. 이것은 우리가 일단 몸을 바꾸게 되면 전생의 기억을 잊게 되니 지금까지 어떤 단계를 거쳐 진화해 왔는지 모르게 되기 때문이다. 만약에 우리가 수억 겁의 생을 거쳐 지금 진화의 위대한 순간에 와 있음을 뚜렷이 볼 수 있다면, 꽃나무에 꽃 피우는 힘이 있음을 알듯이 우리 속에 부처 될 힘이 있음을 알게 될 것이다. 우리는 진화의 원동력, 그 불성을 믿어야 한다.

자기가 자기를 믿지 못하면 마음의 열쇠를 받을 수 없다. 그러니 잘났다는 생각, 못났다는 생각 다 버리고 자기 자신을 믿어라. 내 속에 칠보가 가득 차 있음을 믿어라. 주인공, 내 근본만이 모든 걸 해결할 수 있다고 믿어라. 그러면 관세음보살이 찰나에 드셔서 법을 설하기도 하시고, 약사보살이 찰나에 드셔서 법을 펼쳐 보이기도 하신다. 그러므로 '부처님, 도와주십시오.' '관세음보살님, 살려 주십시오.'라고 할 필요도 없다. 믿음 속에 제불 보살과 역대 조사와 삼라만상의 온갖 조화가 다 깃들어 있다. 진정으로 자기 근본을 믿는 사람은 돌 위에 세워 놓아도 산다.

내 집부터 전화를 놓아야 남의 집에서 전화도 오고, 남의 집에 전화도 할 수 있다. 내 집에 전화를 놓지도 않고 전화 오기를 기다린다면 천년만년이 지나도 소용이 없다.

무엇이 진정으로 좋은 것인지 아닌지 중생은 잘 모른다. 그러므로 주인공이 모든 것을 한다고 굳게 믿는 것 외에 중생이 할 일이란 없다. 그런데 믿고 맡긴다 하면서도 사람들은 '만약에 그렇게 믿고 맡겨 놓았다가 원하는 일들이 안 되면 어떻게 하나?'라는 생각을 한다. 그것은 믿음이 아니다. 믿고 맡김은 찰나인데 그런 생각이 들어갈 틈이 어디 있겠는가? 주인공은 결코 믿음을 외면하지 않는다. 철석같은 믿음 속에 일체가 다 들어 있으니 '믿음'이 우선이다.

믿음은 믿는 만큼 보답한다. 일체를 믿는 이에겐 일체를 주고, 절반만 믿는 이에겐 절반만 준다. 근본마음, 주인공에 대한 철저한 믿음이 강조되는 것은 바로 이러한 이유 때문이다. 그러므로 어려움이 닥쳤다 해서 좌절할 일이 아니다. 믿음이 있는 한, 어려움을 준 그 자리에서 풀것이기 때문이다.

'내 근본, 주인공만이 모든 걸 해결할 수 있다.'는 믿음을 가지고 물러서지 않을 때, 비로소 주인공을 발견할 수 있게 된다. 따라서 이러한 굳은 믿음을 지니면 당당하면서도 여여해질 수 있다. 내 근본마음인 주인공에 대한 믿음이 없다면 아무리 잘한다 할지라도 50%를 넘지 못한다. 뿌리가 튼튼해야 대가 굵고 대가 굵어야 씨가 여문다.

제6장
관(觀)* - 맡겨놓고 지켜보라

● 일체를 맡겨놔라

고정관념의 벽

놓는다는 것은 생각으로 짓는 모든 관념에서 벗어나라는 뜻이기도 하다. 너니 나니, 높으니 낮으니 하는 관념이 얼마나 많은가! 모두 자기가 지어 놓은 것들인데 그런 관념을 들고 있어서는 도무지 주인공과 계합할 수가 없다.

세상에 그 어떤 감옥보다도 더 무서운 감옥이 있다면 그것은 바로 생각의 감옥이다. 세상에서 가장 넘기 어려운 벽이 있다면 그것은 곧, 관념의 벽이다. 수행이란 어떤 측면에서 보면 바로 그러한 생각의 벽을 벗어나는 것이다. 따라서, '나야 중생이니까 괜찮아.' 혹은 '상황이 이러니까 어쩔 수 없어.'라고 생각한다면, 생각한 그대로 그 노릇밖에 할 수 없으니 한 생각의 차이가 실로 엄청나다는 것을 깊이 느껴야 한다.

---

* 관[觀]: 어의적으로 '관찰하다.' '보다.'라는 뜻을 가지고 있으며, 마음공부를 하는 과정에서는 '참나'인 주인공을 믿고 맡기며 지켜보는 것을 뜻한다. 즉, 삶에서 부딪치는 모든 문제(경계)를 근본마음인 주인공만이 해결할 수 있다는 철저한 믿음으로 주인공에게 맡겨 놓고 지켜보는 것을 통틀어 '관'이라 한다.

차원을 따지지 말라. 낮은 차원이 있기에 높은 차원이 있는 것이다. 낮다, 높다를 따지면 이 공부를 할 수 없다. 내가 안다 해서 안다는 마음을 내지도 말고, 내가 높다 해서 높다고 생각하지도 말라. 누가 높더라 낮더라, 알더라 모르더라 하는 그런 분별심을 내는 순간 이 공부와는 멀어지게 된다.

나는 왜 믿음이 부족할까? 나는 왜 이리 잡념이 많을까? 나는 왜 수행이 늦을까? 나는 왜 이리 놓는 게 잘 안될까? 이런 모든 생각들 또한 고정관념이고 공연한 염려일 뿐이니 오히려 용기만 잃게 한다. 수행에 사생 결단을 내겠다는 생각일랑 말고 편안히 자연스럽게 가라.

지금 이 시점에서 본다면 잘못되고 잘되고가 분명한 것 같지만, 과거, 현재, 미래를 다 종합해서 볼 때는 잘못되고 잘되고가 없다.

통에서 벗어나야 통을 굴릴 수 있다. 고정관념에 사로잡혀 있는 것은 통 안에 갇혀 있는 것과 같아 마음을 자유롭게 굴릴 수 없게 된다. 고정관념에서 훌쩍 벗어나 보면 그동안 애지중지해 오던 나의 생각, 나의 법이란 것이 얼마나 우스운 것인지도 알게 된다. 마음이란, 오고 감에 아무 걸림이 없기에 우주로 벗어날 수도 있다. 그러니 조금만 달리 생각한다면 통에서도 벗어나고, 굴레에서도 벗어나 자유로워질 수 있다. 우주다운 생각을 할 수 있는 것이다. 벗어나지 못하고 어떻게 자유롭게 굴릴 수 있겠는가? 남다른 지혜와 창의가 다른 데서 오는 게 아니다.

관념이란 허공과 같은 것인데도 사람들은 그러한 관념에 걸리기도 하고 사로잡히기도 한다. 허공에 걸려 넘어졌다거나 사로잡혀 있다고 하면 모두들 웃을 일이나, 실제로 그렇게 되풀이하며 살고 있다. 본래는 걸려 넘어질 문지방도, 깨트릴 벽도 없는데 자기가 지어 놓고 나오지 못해 애쓴다.

자기의 고정관념을 고집하지 말라. 고정관념이란 자기만의 좁은 마음이다. 고정관념을 없애면 세상을 다 안고도 남을 정도로 마음이 넓어지지만, 고정관념을 가지고 있으면 바늘 하나 들어갈 틈이 없을 정도로 마음이 좁아지게 된다. 고정관념을 없애면 자연히 하심(下心)하게 되니, 만물만생을 널리 공경함으로써 세상을 다 안아 들일 수 있게 된다. 이것이 곧, 불법에 귀의하는 과정이요, 자유인이 되는 과정이다. 항상 자기를 밑으로 내려 세워 마음의 고개를 숙이도록 하라. 겸손하라. 내 마음이 넉넉하면 그 향기가 상대의 마음을 녹이게 된다.

'나'라는 생각

너와 내가 서로 다르다는 것에 집착하여 '큰 하나'를 생각하지 못하는 게 바로, 부처님 세계에 동참하는 길을 막는 근본 장애이다. '나, 나의 생각'에 집착한다면 우선 당장은 어떤 이익을 지켜 주는 것 같이 보이지만, 그것이야말로 위대한 부처님 세계의 크나큰 이익에 참여할 기회를 가로막는 원인이 된다.

둘 아닌 도리를 알게 되기 전까지 우리에게 영원한 안식이란 없다. 그러므로 이 도리를 알고자 하는 이는, 모름지기 어떤 경계든 둘로 보지 말고 무겁고 진실하게 자기 근본자리에 모든 것을 되돌려 놓고 가지 않으면 안 된다.

지혜란 무아(無我)를 아는 것이다. 육신과 물질이 한낱 꿈속의 그림이요, 파도칠 때의 물보라와 같은 것인 줄 아는 것이 지혜이다. 어리석음이란 다른 것이 아니라, '개별적인 나'를 고집하는 것이다. 육신과 물질은 필경 멸(滅)하고 마는 것임을 잊고, '나'를 고집하는 것이 어리석음이다. '나' 하나를 버리면 일천만 가지가 다 잠을 자게 된다.

나의 소유, 내 생각, 나의 명예, 이런 것에 집착하고 고집하는 마음이 나를 통 속에 가두고는 자유롭지 못하게 한다. 중생들은 이러한 것들이, 자신이 경계에 부딪혔을 때 싸워나갈 수 있는 방벽이라고 생각한다. 그러므로 갈수록 점점 더 높고 두텁게 쌓으려고 하는 것이다. 그러나 그럴수록 내 마음은 위축되고 추워지는 법이니, 결국 그러한 방벽이란 나를 도와주고 발전시키는 것이 아니라 나를 가둬두고 퇴화시키는 감옥이 된다.

빈 그릇에 새것이 담긴다. 텅 비워져야 새것으로 가득 채울 수 있는 법이다. '나'라는 생각, 내가 제일이라는 자만심, 집착, 애욕 따위가 차곡차곡 담겨져 있는 그릇에는 아무것도 넣을 수 없다. 우리의 뱃속도 비워져야 음식이 들어가고 맛있게 먹을 수도 있다. 뱃속이 꽉 차 있으면 산해진미라도 먹을 수 없고, 또 맛있는 줄도 모른다.

자신의 마음 안에 미묘하고 교묘하게 숨어 있는 아만을 발견할 줄 알아야 한다. 그렇게 하는 것이 정직한 마음이며 슬기로운 마음이다. 마음을 닦으면 닦을수록 자기라는 껍질이 하나하나 벗겨져 모든 사람, 모든 생명과의 벽이 사라지게 된다. 일체를 평등하게 보는 마음은 결코 아만에 빠져 들지 않는다. 이러한 마음은 점점 넓어져 가는 길 위에 있다.

'나'라는 것은 공(空)하다는 데도 불구하고 온종일 '나'를 붙들고 헤맨다. 그러다 어느새 해가 저물어 저녁이 되니, 해놓은 일도 없이 그만 옷을 벗고 잠자리에 들게 된다.

번뇌와 망상, 집착과 습(習)

내 소유인 것은 아무것도 없다. 나는 단지 관리인일 뿐이다. 그러므로 소유하되 그러한 마음에서 벗어나야 한다. 내 것이라는 집착에서 벗어나야 한다.

이쪽 방에 있던 물건을 저쪽 방에 옮긴다고 해도 주인이 바뀌는 것은 아니다. 전체가 내 집인데 물건이 어느 방에 있건 무슨 상관이 있겠는가. 필요에 따라 이방에 놨다, 저 방에 놨다 하는 것뿐이다. 자유인의 마음씀이 이와 같으니, 이러한 사람에게 소유한다는 의미란, 고작해야 물건이 이쪽 방에서 저쪽 방으로 옮겨진다는 것에 불과할 따름이다. 필요할 때면 언제나 그 필요성에 상응하는 만큼 소유가 주어지게 되니 우주와 더불어 노니는 자유인인 것이다.

육신에도 착을 두지 말라. 착을 둔다면 이사할 때 어떻게 훌쩍 떠나지겠는가? 콩깍지를 까는데 잘 안 떨어져 애쓰는 것과 같다. 콩이 다 익으면 껍질이 절로 홀랑 벗겨지듯 착을 두지 않아야 가야 될 때 훌쩍 갈 수 있게 된다.

바다와 파도가 근본에서 둘이 아니듯, 보리(菩提)와 망상도 둘이 아니다. 그러니 '망상이다, 아니다.'를 분별하지 말고 모두 놓아라. 그래야 '나'라는 분별심도 없어지게 된다.

이 생각, 저 생각이 난다 하여 망상이라고 끊으려 애쓰지 말라. 끊으려고 하는 마음이 망상이지 생각나는 게 망상이 아니다. 만약에 이 생각, 저 생각 나지 않는다면 목석이나 송장이지 그게 어디 산 사람이겠는가? 우선 '망상이란 이런 것이다.'라는 관념에서 벗어나야 한다. 그리고 벗어나는 길은 '이 생각이 뭐꼬?' 하기 이전에 그냥 주인공 자리에 놓는 데 있다.

망상도 주인공이 하는 것이니 몽땅 주처에 놓아 버려라. 망상, 번뇌를 마음 안으로 굴려 놓을 때 마음의 진화력이 나오게 된다. 연꽃은 진흙 속에서 피고 불법은 번뇌 속에서 핀다.

살면서 돈을 벌지 말라 하는 것도 아니요, 사랑하지 말라는 것도 아니요, 화가 났을 때 화를 내지 말라는 것도 아니다. 그대로 하라. 다만 '나', '나의 것'이라는 집착에서 그렇게 한 것은 아닌지를 살펴보라. '누가 했는가?' 그것을 아는 게 중요하다.

이 세상 모든 것이 따로따로 돌아가고 있는 게 아님을 정확히 알고 그렇게 공심, 공생으로 산다면, 이 세상의 모든 것을 도구로 삼을 수 있다. 말 한마디, 행동 하나 그대로가 법이 되니 걸림 없이 생동력 있는 삶이 되는 것이다.

의정(疑情) [의증(疑症)]

주인공에 일임하고 가다 보면 어느 때 불현듯 내면으로부터 의정이 나오게 된다. '도대체 어떻게 해서 이렇게 할 수 있는가? 어떻게 해서 이렇게 돌아가는가? 이렇게 와 닿는 게 있는데 왜 둘이 아니라고 하는가? 왜 모든 게 공하다고 하는가? 왜 내가 하는 게 아니라 '참나'가 한다고 하는가?' 등등 별의별 의정이 다 나온다.

　이렇듯 주인공 하나만 쥐고 가다 보면 의정이 저절로 나오는데 이것이 진짜 의정이요, 대의정이다. 새롭게 샘솟는 의정이다. 질문이 같아도 일부러 지은 의정은 빈 맷돌을 돌리는 격으로 아무런 맛도 없이 스스로 피곤할 뿐이다. 일부러 지은 의정과 절로 일어나는 의정은 천지차이로 다르다.

사량으로 의정을 지어 보았자 그것은 진짜도 아니요, 풀리지도 않는다. 자기 근본인 주인공을 완전히 믿어 모든 것을 일임할 때 의정이 솟고, 그것마저 다시 놓았을 때 안에서 풀려 간다.

자연적으로 의정이 나올 때 그 해답을 모르면 모르는 대로 놓고 가라. 언젠가는 해답이 나온다. 그렇게 안으로 놓음으로써 편안하게 돌아가는 것이다. 이때 '편안하게 돌아간다.' 함은 '내가 놓았으니까, 망상을 끊었으니까 편안하다.'라는 뜻이 아니다. '참나'인 근본자리는 모든 것이 고정됨이 없고 걸림 없이 돌아가는 공한 자리이기에, 거기에다 모든 의정을 놓으면 절로 돌아가고 그러다보면 풀리게 된다는 뜻이다. 이렇게 하는 것이 해답을 찾는 바른길이다.

대의정(大疑情)[대의심(大疑心)]이 큰 깨달음을 낳는다. 다가오는 모든 경계를 그때그때 주인 자리에 일임하여 놓고 가다 보면 내가 지니고 온 업식들이 녹아내리면서 결국엔 '참나'가 드러나기 시작한다. 이때 비로소 내면으로부터 대의심이 우러나오는데, 억지로 지어낸 것이 아니라 저절로 우러나오는 것이다. 대의심은 '참나'가 나를 가르치기 위해 던지는 최선의 질문이다. 그런데 그것 또한 놓고 가다 보면 그 즉시, 또는 시간이 지나간 어느 때에 홀연히 깨우치게 된다.

● 어떻게 맡겨놓는가?

믿음으로 맡겨놓는다

놓는다는 것은 믿음이다. 믿지 않으면 놓을 수가 없다. 되는 것, 안 되는 것 모두 주인공에 몰락 놓아야 하는데 주인공에 대한 믿음이 없다면 몰락 놓아지겠는가?

놓는다 함은 무엇인가? 첫째, 자기 근본, 주인공을 진실히 믿는 것이고, 둘째, 그 믿음에서 물러서지 않는 것이며, 셋째, 그대로 이 도리를 믿고 활용하며 정진하는 것이다.

놓을 때는 '에이, 될 대로 돼라.' 혹은 '어떻게 되겠지.' 하며 놓아서는 안 된다. 또한, '잘되게 해주시오.'라며 비는 마음으로 놓아서도 안 된다. 그렇게 하면 나의 근본인 주인공과 맡기는 내가 벌써 둘이 되기 때문이다. 오로지 나의 근본인 주인공만이 해결할 수 있다는 그 마음으로 놓아야 한다. '일체가 주인공에서 나온 것이니 주인공만이 해결할 수 있다.'는 믿음으로 놓아야 한다.

무조건 놓는다

놓는 데는 이유가 없다. 무조건 닥치는 대로 맡겨 놓고 가야 한다. 아는 것도 모르는 것도, 행도 불행도, 가난도 병고도 다 맡겨 놓아라. 무슨 일이 잘되지 않아도 놓고 일이 잘되어도 놓아라. 이와 같이 놓음으로써 자기 마음을 비울 수 있으며, 억겁 전부터 짊어지고 온 무거운 짐을 내려놓을 수 있고, 억겁에 걸쳐 덕지덕지 붙은 마음의 때를 깨끗이 씻을 수 있으며, 내가 죽을 수 있는 것이다.

경(經)으로, 학(學)으로, 말로, 이론으로 따져서 이것이 옳으니 저것이 옳으니 하지 마라. 그 대신 오직 주인공밖에는 해결할 수 없다고 믿고 놓아라. 한 번 놓고 두 번 놓고 자꾸 놓아, 놓는 습이 붙게 하라. 마루로 올라설 때, 무심중에 신발을 벗고 올라서듯 그렇게 놓아지도록 하라. 그래야 인과도 녹고 유전도 녹고 업보도 녹는다.

공(空)에다 놓는다

모든 생명이 찰나찰나 화하고 나투며 같이 하나로 돌아가는 것을 공이라 한다. 이렇듯 일체가 공이기에, 그 안에 있는 나조차도 공이다. 따라서, 이 공한 도리에는 더할 것도 뺄 것도 없다. 나를 포함한 일체가 공해서 돌아가는 것이라 사실, '놓는다, 맡긴다.'라고 하는 것조차 따로 없다. 그러나 사람들이 이 도리를 모르기 때문에 모든 것을 공(空)에다 놓으라고 하는 거다.

어떤 방법으로도 피할 길이 없는, 인과로서의 업이 내 속에서 자꾸 나오는데, 일체가 이 공한 자리에서 나오는 것이니 나온 자리에 되놓으라는 것이다. 그런데 모든 것이 공하니 그냥 놓으라고 하면 행여나 허무하게 느낄까봐, 자기 주인공을 기둥으로 삼아 그곳에 다 놓으라고 하는 것이다. 바람개비가 중심에 의지해서 돌아가듯이, 모든 일도 그렇게 근본에 의지하고 일임해야 생동력 있고 여여하게 돌아갈 수가 있다.

천지의 일체 만물이 근본을 통해 직결되어 있어, 보이지 않는 에너지가 자동적으로 오고 가게 되어 있다. 이것은 우리들 마음속에 자가 발전소가 있는 것과 같다. 우리가 이 자가 발전소를 잘 굴리면, 필요한 에너지를 용도에 따라 얼마든지 쓸 수 있다.

'안으로 굴려라, 안에다 놓아라.'라고 하지만 사실 주인공은 안에 있는 것도 밖에 있는 것도 아니다. 주인공은 삼라만상이 다 합쳐진 자리이기도 하며, 그것들이 있기 이전의 자리이기도 하다. 그 자리는 손잡이가 없으면서도 손잡이가 있다.

● **맡겨 놓음의 공덕**

모든 것을 주인공에 놓고 관하다 보면, 차츰 인과도 무너지고 습도 녹으며 나를 발견하게도 되고 일체를 항복 받을 수도 있다. 주인공은 우체통이다. 넣고 지켜보면 배달되고 답장이 온다.

사람들이 어떻게 살아야 하느냐고 물어 일체를 놓아야 한다고 하니까, '놓고서 어떻게 살 수 있느냐?'고 되묻는다. 그러나 놓았기 때문에 참으로 살 수 있는 법이다. 중생은 일일이 생각을 지어서 일해야만 이치에 맞는 줄로 여겨 마음을 그렇게 쓰지만, 도인의 마음씀은 일일이 생각을 내지 않고 푹 쉬어 있으면서도 조금의 빈틈도 없이 법에 맞게 된다. 놓음으로써 나오는 행(行)은 생각을 지어서 하는 그 어떤 행보다도 더 원만하고, 자연스럽고, 깊고, 아름답고, 진실하고, 이익된 행이 된다. 그러기에 참된 수행자의 일상생활은 그대로 도(道) 아닌 게 없다. 행주좌와(行住坐臥)가 그대로 법에 맞기 때문이다.

특정한 방편을 세우게 되면 우선은 눈에 보이고 손에 잡히는 듯하겠지만, 가면 갈수록 아물아물해져서 결국은 벽에 부딪히게 된다. 그러나 놓고 맡기는 공부를 경험해 보면 처음엔 좁아 보이기만 하고 흐릿하던 길이 점차로 넓어지고, 뚜렷해져 마침내는 큰 문이 되어 준다.

다 놓고 돌릴 때 그 공덕은 무한량이다. 첫째로, 번뇌 망상으로 꽉 찼던 그릇이 비게 되면서 마침내 빈 것도 없고 담긴 것도 없는 그러한 상태가 되어 비로소 '참나'가 발견된다. '참나'가 발견된다는 것은 그때부터 기초가 튼튼해졌다는 뜻이니, 바야흐로 집을 짓는 기둥을 세울 수 있게 된 것이다. 둘째로, 인연 따라 억겁 전생부터 내려온 모든 습이 녹게되며, 셋째로, 일체의 오무간(五無間) 지옥이 무너진다.

● 수행 정진

올바른 수행

오로지 자성(自性)인 주인공을 스승으로 삼아라. 자성이 있으므로 해서 일체만법이 돌아가니 마음의 기둥인 자성을 스승으로 삼아야 한다. 밖에서 찾아서는 절대 안 된다.

이 공부는 자기가 가르치고 자기가 배우는 것이다. 자기가 놓고 자기가 받으며, 자기가 항복하고 자기가 항복을 받는다. 이처럼 마음을 닦는 일은 결국 자기와 자기 자신과의 일이니 밖에서 찾지 말고 밖으로 끄달리지 말라.

허공을 쳐다보며 '나를 구원해 주소서.' 한들 백 년 천 년이 가도 소용이 없다. 이름을 부르며 구원의 손길을 기다려 보아도 그것은 헛일에 불과하다. 신은 내 안에 있으니 밖으로 청해 보았자 대답이 있을 리 없다. 내면의 불을 켜지 않는다면 제대로 보지 못해 모든 일이 천방지축이 될 뿐이다. 하느님, 부처님, 관세음보살을 밖에서 찾는다면 아무리 불러도 대답이 없을 것이다.

꽃은 조건만 맞으면 절로 피어난다. 그런데도 사람들은 자기 꽃나무를 잘 살펴 꽃이 피어날 수 있게 노력하기보다는, 활짝 핀 꽃이 어디 다른 데 있나 찾아 헤맨다든지, 꽃을 피울 특별한 방법이 따로 있는가 싶어 밖으로 찾아 헤맨다. 하지만 내 안이 아니라면 그 어느 곳에서도 그런 건 없다. 먼저, 마음의 중심을 세우고 밖으로 도는 생각을 안으로 돌리도록 하라. 다른 사람의 깨달음에 황홀하여 달려가지 말고, 내 안에서 깨달음의 꽃이 피어나도록 하라. 모든 것은 이미 내 안에 다 갖추어져 있으니 절로 피어나도록 도와주기만 하라.

수행자에게 내일은 없다. 오직, '지금'이 있을 뿐이다. '내일은 좋아지겠지, 모레면 잘되겠지.' 하고 미뤄서는 안 된다. 오늘을, 지금 이 순간을 깨어 있는 정신으로 직시하면서 묵연한 코끼리 걸음으로 걸어가야 한다. '지금', '여기'가 바로 삼천대천세계의 근본자리이며, 바로 '오늘'이 부처님 오신 날이자 영겁의 시간을 머금고 있는 자리이다. 고로 수행자가 맞이하는 하루하루, 순간순간은 그대로 영원이요, 무한이다. 오늘 내가 이 세상에 났으면 오늘 해야 할 일, 오늘 하고 가야 된다.

아무 자취도 남기지 않는 발걸음으로 걸어가라. 닥치는 모든 일에 대해 어느 것 하나 마다치 않고 긍정하는 대장부가 돼라. '무엇을 구한다, 버린다, 안 버린다.' 하는 마음이 아니라 오는 인연 막지 않고 가는 인연 붙잡지 않는, 대수용의 대장부가 돼라. 일체의 것에 물들거나 집착하지 않는 대장부가 돼라. 가장 평범하면서도 가장 비범한 대장부가 돼라. 대장부 걸음걸이는 한걸음에 천 리를 뛰는데, 졸장부 걸음걸이는 백 리를 뛰어도 한걸음 뛴 것만 못하다.

수행은 쉼이다. '어서 성불해야지, 빨리 중생고에서 벗어나야지.'라는 마음이 뭉게뭉게 일어나면, 여유로워야 할 마음이 도리어 조급해진다. 잡으려고 하면 할수록 멀어지고, 푹 쉬면 제 발로 찾아오는 게 수행의 묘법이다.

수행자는 모름지기 자기 자신에 대해 정직해지지 않으면 안 된다. 왜냐하면, 자신의 근본이 곧 부처의 자리요, 부처의 자리는 모든 관념이 다 사라진 공(空)한 자리이니 이 자리에서는 어떤 속임수나 변명, 합리화 따위가 통하지 않기 때문이다.

자연스럽게 이뤄지는 일이 가장 좋다. 사량으로 계획을 세워 무엇이 되게 하기에 앞서, 오직 믿고 맡김으로써 근본자리에서 일이 되게 해야 한다. 그것은 누구에게나 가능하다. 누구나 체험할 수 있다. 체험을 하게 되면 당신은 당신 자신의 무한한 능력에 눈을 뜨게 되고 자신에게 저절로 깊은 감사를 느끼게 될 것이다.

'나같이 평범한 중생에게 어찌 본래로 무량한 공덕이 갖춰져 있을까?' 하고 행여라도 의심치 말라. 바로, 그러한 퇴굴심(退屈心)이야말로 중생을 끝내 중생에 머물게 하는 것이다.

물이 흐르는 것을 보라. 가다가 구덩이를 만나면 채우고 다시 흐른다. 바위나 언덕을 만나면 끼고 돌아 흐른다. '참나'를 찾는 공부도 그와 같아야 한다.

참선

앉고 싶으면 앉고, 서고 싶으면 서고, 일하고 싶으면 일하고, 뛰면서 생각하고, 생각하면서 뛰는 게 그대로 참선이다. 참선이란, 일체 만법이 주인공 자리로 나고 드는 것을 믿어, 일체를 그 자리에 놓아 마음이 흔들리지 않는 것을 말한다. 그러므로 언제, 어디서나 참선은 가능하다. 믿음으로 놓고 맡기는 한, 일상생활이 그대로 참선이다.

내 근본, 주인공을 믿어, 일체를 그 자리에 맡겨 놓는다는 것이 처음엔 아주 막연하고 어려운 것처럼 느껴지기도 할 것이다. 아무런 방편도 주지 않고 그냥 거두절미한 채로 맡기라고 하니까 도무지 가늠하기가 어렵다는 사람도 있다. 우선 틀고 앉는 방편이라도 있어야 공부가 될 것 같이 보이기도 할 것이다. 그러나 몸이 앉는다고 마음이 앉는 것은 아니다. 마음이 참선해야 참선이다. 문제를 마음에서부터 풀기 시작해야지 몸을 움직여 마음을 잡으려 한다면 그것은 거꾸로 된 것이다. 시작부터 마음에서 하라. 그 마음도 '거짓 나'에서가 아니라 '참나'에서 하라. 마음이 그 시작이 아니면, 그것은 그림자를 붙잡는 것과 같아 피곤하게 헤매기만 할 뿐이다.

간절하고 지극한 믿음이 끊어지지 않는 묵연한 수행이, 곧 참선이다. 이런 참선이 진짜 참선이며, 어묵동정(語默動靜)에 구애됨이 없는 활선(活禪)이다.

날마다 마음의 인등(引燈)을 밝혀라. 선(禪)이 따로 있는 게 아니다. 우리가 살아 나가면서 '나'라는 상을 세우지 않고 모든 것을 주인공에 맡겨 놓고, 삼계(三界)에 있으면서도 마음이 동요치 않는 것이 바로 참선이다. 참선은 믿음이 근본이다. 자기 주인공, 자성에 대한 믿음이 그 근본이다.

주인공에게 갈구하며 그 자리에서 답을 찾기 위해 안으로 굴리는 것을 명상이라 하기도 하고, 조용한 곳을 택해 가만히 앉아서 명상하는 것을 참선이라 하기도 한다. 그러나 24시간 중에 잠시 주인공을 잊는 때가 있다 해도, 자기를 움직이게 하는 마음의 원동력이 있음을 알아 문득 떠올리면, 잊은 사이 없이 그대로 이어지게 되니, 일상생활이 그대로 참선이 된다.

요가든, 명상이든, 좌선이든 몸으로 하는 수행방법이야 천차만별로 많을 수 있겠지만, 마음으로 하지 않는다면 그런 수행은 아무 소용이 없다.

화두 (話頭)

살아가는 생활이 화두이자 참선이기에, 누구에게서 화두를 받을 것도 줄 것도 없다. 자신의 존재가 바로 화두인데, 따로 화두를 받아 그것을 알려 하다 보면, '참나'를 생각해 볼 여지가 없게 된다. 남이 준 화두는 빈 맷돌 돌리는 것이요, 헛바퀴 돌리는 것이다.

몸 자체가 화두이며 태어난 자체가 화두이다. 일 자체가 화두이며 공적한 이 우주의 모습이 화두이다. 그런데 여기에 다시 화두를 덧붙인다면 어느 때 저 무한(無限)의 깊은 세계를 맛볼 수 있겠는가?

본래 뚫려 있던 구멍을 막아 놓고서는 '이 뭐꼬?' 하려는가? 번연히 입구가 뻥 하니 뚫린 병인 줄 알면서 거기에 또 '이 뭐꼬?' 한다면 그것이 다른 게 되겠는가? 화두란 방편에 불과한 것인데 이미 아는 것을 들고서 '이 뭐꼬?' 한다면 머리만 복잡해질 뿐이다. 아는 것은 아는 대로 놓고 모르는 것은 모르는 대로 놓아라. 이렇게 놓고 가다 보면 정말로 모르는 것, 무위법(無爲法)의 의정이 나오는데 이것이 진짜 화두이다.

화두가 생기면 근본자리에 다 넣고 돌려야 그 답이 나온다. 화해서 나투고 돌아가는 게 이 세상의 이치니 그 이치대로 화두도 같이 돌아가도록 해야 한다. 그런데 그렇게 하기는커녕 화두를 꼭 쥐고 놓질 못하니 그 맛을 볼 수가 없다. 예로부터 선사들이 '이 뭐꼬?'를 줄 때는, 사량으로 고정관념을 짓지 말고, 놓고 돌리라고 준 것인데, 돌리지는 않고 들고 있으니 안 되는 것이다.

● 관(觀)

닥치는 대로 근본자리에 놓고 지켜보는 게 관이다. 설사 하늘이 무너지는 일이 있다 해도 놓고 지켜보라. '일체를 놓고 관하라.' 하는 것은 일체가 같이 돌아가기에 그러는 것이다. '일체 경계를 관한다.' 할 때, 사실, 그 경계 또한 근본자리, 한마음 안에서는 따로 있지 않다. 하지만 그러면서도 지켜볼 경계가 있으니 놓고 관하라는 것이다. 그러다 보면 놓고 보는 게 문제가 아니라 안팎 경계를 지켜보는 자기를 보고자 하게 된다. 결국은 '참나'를 알게 된다. '관한다' 함은 '없는 중심'을 그냥 지켜보는 것이지 무엇을 해 달라고 기도하는 것이 아니다.

내 주인공에게 '해 달라'고 하는 것은 비는 것이지 관하는 게 아니다. 주인공을 믿고 모든 것을 맡겨 놓아라. 그리고 지켜보아라. 마음의 컴퓨터에 모든 것을 입력해 놓고 밖으로 나오는 것을 지켜보라. 자아 부처의 자리에 코드를 꽂아 놓고 자동적으로 여여하게 돌아가는 것을 지켜보라. 어떤 상대를 두고 구(求)하는 것은 공덕이 하나도 없게 된다.

지켜보라. 자기 발걸음을 지켜보라. 말하는 건 누가 하고, 듣는 건 누가 듣고, 보는 건 누가 보는지 지켜보라. 누가 있어 이날까지 모든 것을 해오고 있는지, 그것을 지켜보라. 생활을 떠나서 진리를 찾으면 끝내 찾지 못한다. 울고, 웃고, 괴로워하고, 기뻐하는 자기 모습, 그 자체를 자세히 살펴보라. 거기에 울고 웃을 것이 진정으로 있는지, 울고 웃는 자신이 실체로서 있는지, 자세하고 자세히 관해 보라.

설사, 자기 능력으로는 도저히 감당할 수 없다고 여겨지는 급박한 상황에 직면했다 해도 주인공 자리에 맡겨 놓고 지켜보라. '관한다' 함은 무엇을 바라는 것이 아니라 주인공에 일체를 믿음으로 맡겨 놓고, 맡긴 일이 어떻게 돌아가는지를 착이 없이 지켜보는 것이다. 결코 둘로 보지 않고 지켜보는 것이다. 그렇게 하다 보면 우리의 근본자리인 주인공에 놓았을 때만이 맡긴 일이 제대로 해결될 수 있음을 알게 된다.

나의 근본인 주인공을 굳게 믿고 들어가는 것이 참선이자 관이다. 주인공에다 믿고 맡겨 놓고 무엇이 나오는지를 지켜볼 뿐, 해결해 달라고 하지 말라. 수억 겁을 거치며 입력된 것이 인과에 의해 형태만 바뀌어 내 앞에 다시 펼쳐지는데, 그럴 때마다 무조건 되놓아라. 놓으면 그전에 입력된 것이 지워지니 달라지는 그 무언가를 지켜보라.

주인공에 관한다 해서 주인공과 내가 나뉘어지는 것이 아니다. 본래 하나이다. 내가 맡긴다고 해도, 맡는 것 또한 나이기에 맡기고 맡는 구별이 없으며, 지켜본다 해도, 보고 보이는 구별이 없다. 만일 보는 자와 보여지는 자가 있다면 그것은 참된 관이 아니다. 둘로 보게 되면 기도를 하는 것이 된다.

제7장
깨달음

● 깨달음에 이르는 길

깨닫는다는 것은 중생인 나를 버리고 따로이 부처인 나를 찾는다는 뜻이 아니다. 내가 곧 부처이니 버릴 나도, 찾을 나도 없다. 다만, 미망(迷妄)을 여읨으로써 내가 부처임을, 내가 본래로 나임을 아는 것뿐이다. 그렇게 깨닫고 보면, 내가 바로 나 자신이 되기 위해 얼마나 애를 썼던가 하고 웃음을 터뜨리게 될 것이다. 그러나 그것은 허무의 웃음이 아니다. 자유롭고 평화스러운 웃음이다.

생멸(生滅)의 세계에 있으면서도 생사(生死)에 물들지 않는 것, 이 세상 다 버리고 다른 세상에 가는 게 깨달음이 아님을 아는 것, 번뇌를 끊어야 깨달음을 얻을 수 있는 게 아니라 번뇌가 곧 깨달음인 줄 아는 것, 지금 번뇌 망상하고 걱정하는 나 이외에 어떤 절대아(絶對我)가 있는 게 아닌 줄 아는 것, 생각하고 듣고 망상하는 이 자체가 한마음인 줄 아는 것, 그것이 '깨달음'이다.

어쩌다가 문을 열고 들어오기는 했는데 다시 나갈 줄 모른다면 그게 무슨 소용이겠는가. 들어올 줄 알았으면 나갈 줄도 알아야 여여한 것이지 들어오거나 나갈 줄밖에 모른다면 아무것도 아니다. 마음대로 들고 날 줄 알아야 도라고 할 수 있다.

내가 나를 발견했다 해서 깨달은 것이 아니다. 망상을 짓지 말라. '나를 보았다' 함은 이제 겨우 싹이 터서 한들한들 고개를 쳐들고 나오는 격이다. 그 싹이 다 자라 꽃이 피고 열매가 익었다 해도 깨달은 것이 아니다. 열매가 온 누리를 두루 먹이고, 또 그 씨가 세세생생에 끝 간 데 없이 먹일 수 있게 되어야 삼세를 통달한 진정한 자유인이라 할 수 있다.

굳은 신심을 지닌 수행자라면 마음공부에 높고 낮은 단계라는 것은 없다. 그러나 이러한 단계가 없는 반면에 과정은 엄연히 있다. 계단 없는 계단이 있는 것이다. 그것을 게으르지 않게 밟고 가야 한다.

세 번 아닌 세 번을 죽어야 나를 통달하여 도에 이른다. 한 번 죽어 나를 발견하고, 두 번 죽어 둘 아님을 알고, 세 번 죽어 둘이 아니게 나툼을 알아야 한다. 그러기 위해서는 계단 없는 계단을 세 계단 넘어야 한다. 먼저, 모든 경계를 근본자리로 돌려놓으면 나를 발견하게 되고, 그게 되면 자심

(自心)을 무심(無心)으로 돌려 놓아 일체가 나와 둘이 아님을 알게 되며, 그럼으로써 무심조차 녹아 공에 이르게 되니, 둘이 아니게 나툴 수 있게 되는 것이다. 그러나 차원은 달라도 길은 하나이다. 마음 안으로 향하는 것, 둘로 보지 않고 일체를 나로 보는 것, 그리고 그것까지 놓아 나가는 것이다.

● 견성(見性)

마음공부의 첫 번째 단계는, '중생으로서의 나'를 주인공 자리에 되놓음으로써 '참나'를 알게 되는 데까지이다. 이때 수행자는 한 번 죽는 것이고, 동시에 새로이 태어나는 것이다.

이 단계에서, 모름지기 수행자는 마음의 중심을 주인공에 두고 밖으로 확산되는 사량심을 거두어들여 일체 경계를 주인공에 맡겨야 한다. 나의 근본인 주인공이야말로 나의 시작이요 끝이며, 또 영원하고 무한하다는 것을 알아 그곳에 일체를 맡겨 놓아야 한다. 고로, 이 단계에서는 믿음이 가장 중요하다. 지극하고 간절해야 하며, 또 경계에 끄달리는 마음을 매 순간 끊임없이 놓아야 하므로 대단히 큰 인내와 용기가 필요하다. '중생으로서의 나'를 죽이는 것이기 때문이다.

이 단계는 '사량심을 짓는 나'에 대한 환상을 깨뜨리는 공부이다. 이 공부가 깊어져서 지극하고 순수하게 되면 삼매(三昧) 중에 참 성품이 저절로 발현된다. 마치 잉태되었던 아기가 태어나는 것과 같다. 이때의 단계를 '중생으로서의 나'의 입장에서 보자면, 곧, 죽음이지만, 주인공의 입장에서 보면 죽음이기는커녕 탄생이 된다. 그리하여 참 성품이 발현되면 형언할 수 없는 법열(法悅)을 느끼게 된다. 그러나 그것이 끝은 아니다. 이제부터 주인의 관점에서 세상을 살아가야 한다. 비로소 진정한 공부가 시작되는 것이다.

'참나'를 발견하였다 해도 그 상태에서 다시 닦아 나가야 한다. 이때가 상당히 어려운 시기이다. '참나'를 알고 경계에 걸림이 없으니 마음이 아주 편안한 상태에 이르기 때문에, 그래서 '이것인가 보다.' 하고 거기에 머물기가 쉽다. 무엇보다도, 말로 다 할 수 없는 온갖 고비를 넘기며 그 상태에 이르렀기에 아주 기쁘고 반가우며, 또 고통 속에서 헤매고 있는 사람들은 꿈도 꾸지 못할 다디단 생명의 샘물을 마시며 사는 격이라, 스스로 대견하게 여기니 더 높은 차원이 있다는 생각을 하기 어렵게 된다. 더 높은 차원은 아직 보지도 듣지도 못했으므로 생각도 해 볼 수 없지만, 아래를 보면 많은 사람이 보이니 거기서 자기가 제일인 줄 알고 우쭐하기 쉽다. 위쪽은 어둡고 아래쪽만 환하니, 이때 수행을 그르칠 가능성이 크다.

몰락 한꺼번에 깨우치기는 매우 어렵다. 왜냐하면, 갖가지로 살아오면서 짊어지게 된 습이 너무도 많아 한꺼번에 뗄 수 없기 때문이다. 그러므로 한꺼번에 놓는다는 생각일랑 말고, 닥쳐오는 대로 그냥 놓음으로써 체험하고 보임해야 한다. '주인공에 맡겼다.' 하면 업이 녹고 습이 떨어지게 되니, 계속해 놓고 또 놓는 중에 성장하게 된다. 따라서 어느날 홀연히 깨우쳤다 해도 깨우쳤다고 일 만들지 말고, 경계와 더불어 둘 아님이 없이 또다시 죽어야 한다.

● 성불(成佛)

두 번째 죽음의 단계에서 수행자는 오신통(五神通)*과 같은 신묘한 능력을 지니게 되나, 그것도 또한 놔야 할 경계 중 하나일 뿐이니, 오면 오는 대로 자기 근본에 놓고 가야 한다. 이미 무엇이 다가오든 무심으로 놓아 버렸으므로 흔히 말하는 영통자(靈通者)와는 다르다. 수행의 결과로서가 아니더라도,

---

* 오신통[五神通]: 불교의 육신통(六神通) 중에서 누진통(漏盡通)을 뺀 다섯 가지의 신통, 즉, 천안통(天眼通), 천이통(天耳通), 타심통(他心通), 숙명통(宿命通), 신족통(神足通)을 일컫는다. 천안통(天眼通)은 보는 사이 없이 볼 수 있는 능력, 천이통(天耳通)은 듣는 사이 없이 들을 수 있는 능력, 타심통(他心通)은 다른 이의 마음을 아는 사이 없이 알 수 있는 능력, 숙명통(宿命通)은 과거 어디로부터 왔는지를 아는 사이 없이 아는 능력, 신족통 (神足通)은 한 찰나에 가고 옴이 없이 가고 올 수 있는 능력을 말한다.

소위 신통력(神通力)을 지니는 경우가 있는데, 이러한 사람들은 둘 아닌 도리를 모를 뿐 아니라, 근본에 놓아 버리는 데도 익숙지 않으므로 '이거야말로 보물을 지니게 되었구나.' 하게 된다. 결국, 많은 경우 점쟁이나 미치광이가 되고 말 뿐이다.

일체의 마음이 결국 내 마음과 다르지 않음을 알아 신통력까지도 내 근본마음에 돌려놓으면 무심(無心)이 된다. 여기에서 무심이란, 마음이 빈 공허한 상태를 말하는 것이 아니라, 있기는 있되 스스로 고요한 마음을 말하는 것이다. 그리고 이 무심의 경지에서는 이미 '내가 있느니 없느니' 하는 문제가 붙질 않는다. 이때의 '나'는 중생들이 생각하는 것과는 아주 다른 나로서, '나'라고 하는 존재란 없다고 하는 것이 맞겠으나, 그러면서도 생활하고 있으니 존재한다고 할 수 있는 그런 상태가 된다. 말하자면, 무심하다는 그것마저도 없는 텅 빈 상태, 아무것도 없어서 텅 빈 게 아니라, 스스로 자재로워 텅 빈 상태가 되는 것이다. 그야말로 무심까지 녹은 공(空)이라, 그대로 누진통이 되는 상태이다.

● **열반(涅槃)**

두 번 죽고도 다시 또 죽어야 한다. 그리고 비밀을 지켜야 한다. 여기에 이르면 너와 나는 분명히 있으면서도 너와 내가 없이 네가 내가 될 수 있고, 또 내가 네가 될 수 있는 그러한 막강한 나툼의 도리를 알게 된다. 그렇게 나툴 수 있는 것은, 마음의 실체가 본래 고정된 형상이 없으므로 수천수만의 모습으로 나올 수 있기 때문이다. 그래서 천백억 화신이라고 한다.

크게 세 번 죽고 난 뒤에야 나툼의 경지가 열리는데 그야말로 나툼의 도리가 묘용이다. 부처님께서 제자들이 바친 오백 개의 일산(日傘)을 모아서 한 개로 만드셨다는 경전의 이야기는 전설이 아니라 사실이다. 그 일산(日傘)에 삼천대천세계가 두루 비쳤다는 것도 사실이다. 고요히 앉으면 부처요, 일단 생각을 일으키면 보살이 되어 중생을 보살피고 삼계를 어루만지니 그런 경지는 감히 이야기할 바가 못 된다.

불법(佛法)이란, 귀 아닌 귀로 일체중생의 원(願)을 세세하게 듣고, 손 아닌 손으로 일체중생을 알뜰하게 제도하는 묘법이다. 홀홀히 자기 몸이나 생사 해탈하는 것이 불법의 궁극이 아니다. 그리고 물질계에 대해서도 항상 자유자재할 수 있는 게 불법의 힘이다. 중생이 보기에는 물질계의 원리가 분명하다고 하지만, 그 또한 부처님 손바닥 안에 있다. 이 말은, 이 세상 모든 것은 법계 안에 있다는 뜻이다. 따라서, 법계에서 응하지 않는 일이 현상계에 일어날 수 없으니, 그 크나큰 뜻은 헤아리기가 지극히 어렵다.

그 무엇에도 걸림이 없는, 나투고 응해 주고 불바퀴를 굴릴 수 있는 절대적인 자유, 한 생각에 삼천대천세계를 녹일 수도 있고, 한 생각에 삼천대천세계의 업을 짊어질 수도 있는 경지를 이름하여 열반이라 할 수 있다. 그러나 그러한 경지에 이르렀다는 생각조차 없을 때가 무여열반(無餘涅槃)이니, 무여열반에 이르러야 유여열반(有餘涅槃)으로 돌아올 줄도 안다. 뼈도 없고 살도 없고 아무것도 없는 자리, 그 자리를 증득(證得)해야 한다.

● 중도(中道)

깨달은 세계, 깨닫지 않은 세계가 둘이 아니게 평등하고, 또 그 두 세계를 원활하고 조화롭게 같이 굴릴 수 있을 때, 그것이 중도이다.

허무하다고 생각할 것도 없고 허무하지 않다고 볼 것도 없다. 양단을 다 놓아 버려라. 긍정으로만 들어갈 일도 아니고, 부정으로만 들어갈 필요도 없다. 관념 속의 긍정, 부정을 다 포섭하라. 양면을 같이 해라. 왼발도 아니고 오른발도 아닌 두 발 그대로이다. 부처님께서 마야부인의 옆구리에서 태어났다는 말은 중도를 뜻함이다.

이것을 가졌다고 저것을 버리거나, 저것을 가졌다고 이것을 버리거나 할 필요는 없다. 이것과 저것을 동시에 가질 수 있어야 한다. 양자택일이 아니다. 공(空)에 떨어져도 안 되고 색(色)에 떨어져도 안 된다. 유의 50% 무의 50%를 계합해야 한다.

중도란 위도 아래도 아닌 전체 대공(大空)을 말한다. 미물과 축생과 내가 한마음으로 서로 응할 수 있을 때 중도라 할 수 있다.

공한 도리만 알고 색을 외면한다거나, '무상이다, 무아다' 하면서 현실을 무시한다면 그것은 중도가 아니다. 어느 한쪽만 보고 다른 면을 보지 못한다면 깨달음의 씨줄이자 날줄인 중도를 벗어나는 것이다.

● 깨달음의 공덕

이 도리를 알면 인과에 끄달리지 않고 윤회에 끄달리지 않아 가벼우니 자유롭고, 안팎의 경계에 구애받지 않으니 자유롭고, '나'로 고정되지 않으니 자유롭다. 어느 때는 의사가 되고 간호사도 되고, 어느 때는 판검사, 변호사도 되고, 어느 때는 대통령이 되었다가 농부가 되기도 하고, 어느 때는 술 따르는 여인이 되는 등 '참나'는 변하지 않으면서 그렇게 할 수도 있다. 수만 가지로 무궁무진하게 화해서 만법을 굴리고 응용해도 걸릴 게 없으니 자유인이라 하는 것이다.

마음을 깨닫는다면 만법의 원리가 내 마음 안에 들어 있으니 모든 게 문(門) 아닌 게 없고, 법 아닌 게 없고, 보배 아닌 게 없다.

백지 한 장 사이를 넘어선다면 정말로 대인이 되어 우리의 남북통일도 가져올 것이고, 세계를 융화시킬 수도 있을 것이다.

한 사람이 깨우치면 수없는 선지식의 씨가 온 세상에 퍼지게 되어 있다. 한 사람 이룩하기 어렵다 해도 한 사람이 깨우치면 수없는 생명의 씨가 이 나라는 물론 다른 국토로도 퍼지게 된다.

내 집부터 전화를 놓아야 남의 집에서 전화도 오고,
남의 집에 전화를 할 수도 있다. 내 집에 전화를 놓지 않고
전화 오기를 기다린다면 천년만년이 지나도 소용이 없다.

자기가 자기를 믿지 못하면 마음의 열쇠를 받을 수 없다.
그러니 잘났다는 생각, 못났다는 생각 다 버리고 자기 자신을 믿어라.
내 속에 칠보가 가득 차 있음을 믿어라.

서로 이름이 다른 종교라도
진리가 하나인 줄 알면
같은 종교를 믿는 것과 다름없다.
그러니 어떤 특정 종교가 옳다는 말은 하지 말라.
각자 가지고 있는 종교의 가르침을 바로 알고
진심으로 그것을 믿는다면
오히려 겸손해질 터이니
너와 나, 나와 세상
나와 우주, 나와 삼라만상이
둘이 아님을 알게 될 것이다.
진리 앞에서는
네 종교 내 종교 따위의 이야기란
한 점 먼지와 같다고 하겠다.

본문 내용 중에서

제3부 활용-생활 속의 참선수행

8장: 불교의 요체는 실천궁행
9장: 생활 선(禪)
10장: 생활 속의 종교

제8장
불교의 요체는 실천궁행

불법이 아무리 어마어마하고 광대무변하다 할지라도 생활 속에서 맛보지 못하면 그림의 떡이다. 열 번 아니라 백 번을 눈으로 보더라도 내가 집어 먹을 줄 모르면 보나 마나다. 자기 생활, 자기 몸, 자기 마음으로의 체험을 하찮게 여기고 어디 가서 불법을 찾았다 할 것인가? 실천하지 않고도 얻을 수 있는 법이었다면 석가모니 부처님께서 이 도리를 가르치시지도 않았을 것이다.

집을 짓는데 벽돌, 기둥, 대들보, 서까래 등 이름은 줄줄 외면서 막상 집을 지을 줄 모른다면 이것들이 다 무슨 소용이겠는가? 불법은 행(行)하는 데 목적이 있는 것이지 아는 데 목적이 있는 게 아니다.

마음도리에서는 직접 행(行)하는 것이 말하기보다 쉽다. 말에는 오해가 따르고 불충분한 점이 있지만, 행은 실질이기 때문에 하면 그뿐 번잡하지 않다. 그런데도 사람들은 말에 끌리고 시비를 논의할 뿐, 법을 곧바로 실천에 옮기며 체험하려 하지 않는다.

이론을 캐지 말고 아무 말 없이 직접 맛을 보라. 수박이 잘 익었느니 안 익었느니 말로 하지 말고 직접 쪼개서 한 입 베어 물어라. 그것이 그대로 참선이자 행선(行禪)이다. 일체 만법이 다 행선이니 도(道)와 생활이 따로이면 결코 도를 이룰 수 없다.

행함이 없는 공부, 실천이 따르지 않는 공부는 아무 생명이 없는 지식을 쌓는 데 불과하다. 백 번 보는 것이 한 번 행하는 것만 못하니 참 지혜란 실천을 통해 얻어지는 것이다. 가령, 올챙이가 개구리에게 흙냄새에 관해 물었을 때, 개구리가 수천 마디의 말로 설명했다 치자. 그렇더라도 나중에 올챙이가 개구리 되어 뭍에 올라가 한번 직접 느끼는 것과는 비교할 수가 없다.

불제자로서 큰 스승의 뒤를 수십 년 쫓아다녔다 해도 내가 좋은 샘물을 보고 떠먹지 못하고, 또 남에게 떠주지 못한다면 소용없다. 언제 어느 때 내가 지은 묵은 빚을 갚을 거며 어둠 속의 빛이 되겠는가? 99% 부처 될 가능성이 있어도 행을 하지 않는다면 결코 중생을 벗어나지 못한다.

제9장
생활 선(禪)

● 삶이 곧 불법(佛法)

불법은 만 가지 맛이 나는 과일이요, 만 가지 향이 나는 꽃이다. 그리고 수행자들은 그런 과일을 키우는 농부요, 그런 꽃을 재배하는 정원사라 할 수 있다. 모든 생산 중에서 가장 맛이 나고 해 볼 만한 생산, 모든 농사 중에서도 가장 보람 있는 농사가 바로 불법수행이다.

불법수행은 모든 일상생활을 그대로 해나가면서도 할 수 있다. 오히려 이러한 생업이야말로 불법을 제대로 닦을 수 있는 좋은 재료이고 연마제이다.

불법이란 현실의 법, 생활의 법이다. 그 진리에 진정으로 계합하기만 한다면, 개개인의 생활은 말할 나위도 없고 국가와 사회의 당면 과제도 능히 타개할 수 있는 묘리(妙理)가 나오게 된다. 일상생활을 떠나 종교가 있는 것이 아니며, 도가 있는 것이 아니다.

불법은 내가 살아가면서 걷고, 말하고, 움직이는 모든 행을 포함한다. 고로 부처님 법이 법당에만 있는 게 아니라, 안방에도 있고 부엌에도 있고 직장에도 있다. 일반 대중이 각자 자기 역할을 가지고 살아가는 거나, 스님들이 중노릇하는 거나, 공부하며 사는 것은 마찬가지이다.

통이 둥글면 뚜껑도 둥글어야 하듯이, 불법 공부도 내가 처해 있는 환경을 수용해 가면서 해 나가야 한다. 건너뛴다거나 버릴 생각을 하지 말고 꾸준히 자기 길을 가야 한다. 이러한 일상생활 중에 마음이 몸을 제도하고, 몸이 마음을 제도하면서 나아가야 하는 것이다.

● 경계(境界)와 고(苦)

살다 보면 우리는 많은 일들, 즉, 경계에 부딪히게 된다. 그 경계는 밖으로부터 오는 것도 있고 안으로부터 일어나는 것도 있다. 그런데 그 모든 경계가 어디서 일어나든지 간에, 결국 원인은 바로 자기 자신이란 것을 알아야 한다. 때로는 나와 아무런 관계가 없어 보이는 일들이 내 앞에 펼쳐질 때가 있는데, 우선은 내가 있음으로써 겪는 것이니 나와 전혀 무관하다 할 수 없다. 내가 겪게 되는 경계란, 결국 내가 수억 겁 전부터 지어온 모든 생각과 말과 행동의 결과로써 그 모습만 다르게 펼쳐진 것이다. 말하자면, 어제의 업이 오늘의 경계가 되고, 오늘의 경계가 업이 되어 다시 내일의 경계로 다가오는 것이다. 그런데 그것을 모르고 단순히 싫은 것과 좋은 것으로 구분 지어 받아들인다면, 그 경계는 없어지는 것이 아니라 그대로 미래라는 창고에 저장되었다가 다른 모습으로 바뀔 뿐, 무게만 더 보태져, 나를 향해 다시 안팎으로 다가오게 된다.

누군가가 나에게 어려움을 주더라도 그 상대를 결코 나와 다르게 보지 말아라. 나와 상대, 주(主)와 객(客)으로 나눠 보지 말라. 어떤 아름다운 모습에도 현혹되지 말고, 대단하게 보이는 어떤 것에도 굴하지 말라. 내가 있기에 상대도 있는 것이고 내가 있기에 온갖 경계도 있는 것이다. 모든 경계는 필경 나의 마음과 다르지 않은 것이니. 그것은 우주 일체가 한마음이기 때문이다. 절대 동요하지 말아라. 부처든 마왕이든 신중(神衆)*이든 모든 것은 나의 다른 모습일 뿐이다.

닥치는 경계가 '업보냐, 아니냐' 하는 문제보다는 거기서 벗어나느냐 못 벗어나느냐가 더 중요하다. 우선은 자신이 알고 했든 모르고 했든, 무엇이 되었건 누구를 탓할 것도 원망할 것도 없이 그대로 받아들이고 몰락 놓아라. 좋은 일, 나쁜 일,

---

* 신중(神衆): 불법을 수호하는 신

일체가 내 안에서 나왔으니 그 안에 몰락 놓아 버려라. 그래야 모든 고통과 인과에서 벗어날 수 있다.

역경계에 부딪혔을 때 '내게는 왜 이렇게 어려운 일이 닥치는가?' 하고 의기소침해 하지 말라. 그럴 때일수록 '이제야 내가 성숙할 기회를 맞았구나.' 하고 생각해야 한다. 이 갈림길에서 어느 쪽을 선택하느냐가 자기의 미래를 좌우하게 된다. 결정권은 바로 지금, 자신에게 주어져 있다.

나쁜 환경이란, 사실은 나를 가르치려는 내 주인공의 다른 모습이다. 그러므로 환경에 치여서 본래의 마음을 잃어버린다는 것은 변명이 될 수도 없고 당연시되어서도 안 된다. 그것은 알고 보면 주인공의 배려이니 그렇게 해서라도 나를 가르치려는 그 사랑에 감사하지 않을 수 없다. 사실 지나치지만 않는다면, 아니, '지나치다. 그렇지 않다.' 할 것도 없지만, 역경계가 닥쳤을 때 공부하는 바가 더 크다. 고로, 역경계가 닥치거든 이것이야말로 자신을 진화시킬 소중한 기회로 알고 지혜롭게 넘기도록 해야 한다. 넘기 힘든 고개를 넘고 나면 큰 것을 얻게 되니 그것을 잊지 말아라.

'경계를 묵연히 수용하라.' 함은 무조건 참으라는 뜻이 아니다. 그것은 나에게 닥친 모든 경계의 본성이 공(空)하다는 것을 알고, 또, 그 경계는 자신이 유발한 것임을 알며, 나아가 그 경계가 곧, 나를 단련시키는 길잡이로서 내가 그것을 통해 진화한다는 사실을 알라는 뜻이다. 이것을 모르고 참는 것은 경계를 마음으로 외면하는 것과 같으며 묵연히 정진하는 수행자의 올바른 자세가 아니다.

꿈이 생시요, 생시가 꿈이니, 꿈과 생시를 따로 보지 말라. 생시의 번뇌가 꿈인 줄 밝히 아는 사람은 번뇌에 속지 않는다. 또한, 꿈에서도 경계를 둘로 보지 않아 끄달리지 않을 만큼 되어야 한다.

세상 사람들은 고에서 벗어나려고만 하지 고의 참된 원인을 살피려 하지 않는다. 그러기에 한 가지 고에서 벗어난다 해도 또 다른 고가 닥쳐오는 것을 면할 길이 없는 것이다. '나'라고 하는 존재는 쉴 새 없이 고락(苦樂)을 만들어 내는 생산 공장 같기도 하지만, 내가 생산해 낸 것을 수집해 들여 없앨 수 있는 곳이기도 하다. 그렇게 하기 위해서는 "이건 내 업보야!" 하지 말고 '참나'에다 일체 경계를 맡겨 놓고 관해야 한다.

현실의 고(苦)나 인과(因果)와 같은 것들은 그대로 나의 차원을 높여주는 수련과정이다. 바람이 불고 비가 내리치면, 오히려 나쁜 공기와 먼지 그리고 불결한 것들을 다 청소시켜 주니, 현실의 고는 오히려 자기를 정화해 주는 부처의 또 다른 모습이요, 불보살의 가피(加被)이다.

● 재화

내게 거금이 생겼다 해도 그 돈은 언제고 나갈 것이니, 내 것이 아니라 내가 잠시 관리할 뿐이라고 생각하라. 내 돈도 아니고 네 돈도 아닌, 돌고 도는 돈이니 집착하는 마음을 끊임없이 놓아라. 돈을 갖지 말라는 게 아니다. 분수를 알고, 분수를 지키면서, 착을 두지 말고, 모두가 나 아닌 게 없다고 알아 둥글게 살라는 것이다.

돈이란 것도 맑고 흔쾌한 곳을 좋아한다. 음울하고 찌푸린 곳을 좋아하지 않기는 인간이나 돈이나 다를 바 없다. 맑은 곳에 모이면 웃을 일을 하고 음울한 곳에 모이면 인상 쓸 일을 벌인다

이익을 보지 말라는 게 아니다. 손해만 보고 살라는 것이 아니다. 이익과 손해는 동전의 앞, 뒷면 같아서 짝으로 다니지 결코 혼자서 다니지 않는다는 것을 알라는 것이다. 이익을 보아도 이익에 탐닉하지 말고, 손해를 보아도 손해에 낙담하지 말라. 이익과 손해 때문에 웃고 우는 사람들 속에서 그 인연의 이치를 알아, 자기 마음의 중심 자리를 묵연히 지키며 침착할 수 있다면, 그것이 중도의 길을 걷는 것이다.

● 질병

병에 걸렸을 때 그 병을 나와 따로 보면 각각이 되어서 병이 나를 해치지만, 그 병의 근본이 나의 근본과 둘이 아닌 줄을 알아, 일체를 내 근본에 놓고 굳게 나아가면 병도 나를 해치지 않는다. 왜냐하면, 내가 나를 해치는 법은 없기 때문이다. 병도, 가난도, 번뇌도 다 내 근본자리에서 일어난 일이니 근본자리에 맡겨 놓아라. 이러한 이치는 다른 모든 경우에도 마찬가지이다. 일체를 둘로 보지 않고 나로 받아들여 포용하면 일체가 바로 내가 되는 것이니 둘로 보지 않는 수행이야말로 위대한 힘을 낳게 한다.

육신은 '참나'의 시자(侍者)이다. 육신에 병이 들었다면 주인인 '참나'에게 맡겨라. 수억 겁을 거쳐서 여기까지 끌고 온 주인인데 나 몰라라 할 리가 없다. '네 시자이니 네가 알아서 해라.' 하고 주인에게 맡겨라. 믿고 맡기면 된다. 참 주인을 믿지 못하니까 곳곳을 전전하는 고아 신세처럼 부모의 따스한 보살핌을 받지 못하는 것이다.

기계가 고장이 나면 누구에게 묻는 게 가장 빠르겠는가? 바로 기계를 만든 곳에 문의하는 것이 가장 빠르다. 우리의 육신도 마찬가지이다. 몸에 병이 났다면 내 몸을 있게 한 내 근본을 먼저 찾아가 거기에 맡겨야 할 것이다. '한마음 주인공! 나를 있게 한 것도 당신이니 당신이 알아서 하시오.' 하고 모든 것을 거기에 맡기는 도리를 알아야 한다.

마음의 약이 제일이다. 만약 오장육부 중에 어느 한 부위에서 이상이 생기면 병이 나게 된다. 그러나 이 모든 것의 주체는 나이며, 또한 일체는 근본자리를 통해 하나로 돌아가니 한 생각을 잘 일으켜 이열치열(以熱治熱)식으로 '거기서 일어난 것 거기서 알아서 해라.' 하고 맡겨놓아라. 그러면 그 병이 치유될 수 있다. 이때, 단번에 나을 수도 있고 조금씩 나을 수도 있는데, 어떤 경우에든 나의 근본인 주인공이 공부하라고 숙제를 내는 것과 같으니 좀 괜찮아졌다고 그냥 해이해져서는 안 된다.

병이 난 가족을 돕기 위해서는 한마음의 도리를 간절히 믿어야 한다. 즉, 상대의 불성과 나의 불성이 근본을 통해 하나로 연결되어 있어 서로 에너지가 교류된다는 사실을 믿어야 한다. 예를 들어, 어머니의 병환이 지중하다 할 때, 마음속으로 '어머님이나 나나 모두 주인공이 형성시켰고 그 마음과 내 마음이 한마음인데 내 마음이 이러하다면 어머님의 병환인들 낫지 않을 리 없다.'라고 굳게 믿어 근본자리에 일임하여 놓아라. 그것이 곧, 아픈 어머니를 위해 마음을 내는 것이고 진정으로 돕는 길이다.

의사가 필요하면 의사에게 가고, 약사에게 물을 일이 있으면 약사에게 도움을 청할 일이다. 지금 당장 병원에 가야 하는데도, 병이 깊어져서 급하게 수술을 받아야 하는데도, 그저 주인공을 부르고 있으라는 얘기가 아니다. 의사와 약사를 찾되, 다만, 모든 것을 관장하는 자기의 근본인 주인공이 있음을 믿고, 벌어지는 모든 상황을 그 자리에 맡겨 놓으라는 뜻이다. 아프게 한 것도 그 자리이고, 병원에 가게 하는 것도 그 자리임을 알아, 일체를 주인공한테 맡겨 놓으면, 보이지 않는 한마음이 들고 나면서 내 마음과 의사의 마음이 하나로 돌아가게 되니 최선의 결과를 얻을 수 있다. 일체를 주인 자리에 턱 맡겨 놓고, 남의 손을 빌려야 될 일이라면 남의 손을 빌리고, 내 손으로 할 일이라면 내 손으로 하면서 자유롭게 살아가라.

● 가정

내 가정, 내 주변을 살리는 속에 부처로 가는 길이 있다. 지금 내 앞에 닥친 일부터 녹여 나가라. 내 앞에 닥친 일을 놓아두고 먼데 일을 이야기하고 걱정하는 것을 일컬어, 욕심이라고 한다. 가정과 생활에서 닥치는 문제를 이겨 내지 못한다면 불법을 말할 단계도 되지 못한다. 모든 것을 다 버리되 버리지 말아야 하니, 그것은 곧, 애착은 버리되 인연은 저버리지 않아야 한다는 뜻이다. 인연에 따라 거두는 것이 보살행이다.

자녀들에게 애착을 두지 말라. 그 아이들까지 다 근본자리에 넣어 버리고는 그냥 같이 돌아가라. 돌아가다 보면 장차 그 아이들도 틀림없이 불보살이 될 것이고, 부처가 될 것이다.

만약 남편은 남편대로, 자식은 자식대로 어긋나간다 해도 결코 입으로 몸으로 물질로 해결하려 하지 말아라. 오직 내 근본마음만이 해결할 수 있다는 믿음으로, 모든 것을 그곳에 일임하여 놓아 버려라. 그러면 서로 통하게 마련이다. 전화를 이쪽에서 걸면 신호가 저쪽에서 울리는 것처럼 마음의 진실이 전해지게 된다. 이것이 참된 사랑이요, 불법이다.

부부지간도 그렇고 부모 자식 간도 그렇고 잘못하면 미워 보이고 잘하면 예뻐 보인다. 또 듣기 좋은 말해 주면 좋다 하고, 잘못을 지적하면 싫다 한다. 마음에 들면 기분이 좋았다가도 마음에 안 들면 벌컥 화를 내기도 한다. 우리의 이러한 마음 씀은 불화만 일으킬 뿐이며 결국엔 자신을 깎아 먹는 것밖에는 안 되니, 마음에 들지 않는 일이 있다면 무슨 말이나 행동을 하기 전에 내 근본인 주인공에 이 모든 것을 놓아라. 그리고 진심으로 좋은 말과 부드러운 얼굴로 대하라. 그러면 근본자리에서 무전 통신으로 서로의 마음을 조절하여 좋게 될 수 있도록 한다.

희로애락이 뒤엉킨 생활 속에서 내는 작은 자비심 하나가
내 주위 모두를 밝힌다. 높다랗게 앉아있는 불상도 아니요,
위엄을 갖춘 스님네들도 아닌, 하찮고 비루한 내 불씨 하나
에서 실로 그 고귀함이 나온다.

● 태교

집을 지을 때, 먼저 땅을 파고 평평하게 다듬은 다음, 콘크리
트를 치고 기둥을 세우는 것과 같이, 아기를 갖고자 한다면
아기가 몸 안에 생기기 이전부터 태교를 해야 한다. 터를 다
듬는 것부터 시작해야 한다.

어떠한 자식을 두느냐는 우리가 마음먹기에 달려 있다. 여러
분이 아기 가질 계획을 하고 있든지, 현재 임신 중이든지 간
에 모든 것을 오로지 근본자리에 맡겨 놓아야 태교가 된다.
태어날 아기가 장차 지혜롭게 물리가 터진 그런 마음을 지니
며, 모든 것을 이롭게 하는 성품을 가진 그런 사람이 되도록,
자꾸자꾸 근본자리에 맡겨 놓아라. 그러면 모든 것이 다 한
마음으로 통하게 되어 있다.

아기가 배 안에 생기고 난 후에도 태교를 잘해야 한다. 태아
는 특히 엄마가 마음을 내는 그대로 받아들인다. 설혹, 태중

의 아기가 유전성, 업보성, 인과성, 세균성, 영계성 등으로 오는 어려운 문제들이 겹쳐져 있다 하더라도, 근본마음을 믿고 일체를 그 자리에 놓아라. '아가야, 이런 것들을 말갛게 녹이고 이 세상에 나와야 하지 않겠니?' 하고 진심으로 관해라. 자기 마음에 의해서 쌓이고 쌓인 업을 조금이라도 녹이고 나오게 해야 업보성과 인과성으로 오는 큰 병도 걸리지 않게 되며, 살면서 악의 인연보다는 선의 인연을 많이 갖게 되니 문제들이 줄어들고 삶이 고되지 않게 된다.

아기가 복중에 있을 때 태교를 미처 하지 못했다고 하더라도 포기해서는 안 된다. 자식이 속 썩인다고 그로 말미암아 자식에게 실망하거나, 지레 손을 놓아 버려서도 안 된다. 부모와 자식 간의 관계는 아주 특별한 인연으로 맺어진 것이니, 자식의 마음과 부모의 마음은 이 세상 무엇보다도 빨리 통하게 되어 있다. 그런 까닭에 내 마음을 진실로 밝힌다면 자식의 마음에도 금방 불이 들어오게 된다. '주인공, 당신만이 우리 아이의 마음을 환하게 밝힐 수 있어!' 하면서 근본마음을 믿고 진정으로 일체를 맡겨놓아라. 미운 마음, 고운 마음을 다 놓고, 자식에 대한 나의 모든 고정관념을 다 놓고, 내 근본마음만을 믿고 간다면 자식의 마음에 바로 불이 들어올 수 있다. 이것이 자식을 위하는 한생각이고 부모가 자식에게 줄 수 있는 모든 것이다. 그러니 이 도리를 몰라 아이가 태어나기 전에 이 마음을 내지 못했다고 포기하지 마라. 지금이라도 결코 늦은 일이 아니다. 세상에 부모 자식 간에 진실한 마음으로 해결하지 못할 일은 아무것도 없다.

● 진정한 사랑

자식이 물에 빠지면 부모는 자식을 구하기 위해 그냥 물에 뛰어든다. 거기에 무슨 이유가 붙겠는가? 그와 같이, 순간에 뛰어들어 건지는 마음, 부모가 자식을 생각하는 그 마음이, 곧 부처의 마음이다. 내 모든 것을 버려서라도 너를 살리고자 하는 그 마음, 보답을 바라지 않는 부모의 참사랑, 그것이 바로 부처의 자비이다.

상대가 높다고 해서 자신을 업신여기지 말고, 상대가 낮다고 해서 잘난 체하지도 말아라. 항상 자비스럽게 같이할 수 있는 넓은 마음을 가져라. 같이 사랑할 수 있는 마음, 같이 피를 나눌 수 있는 마음, 같이 먹을 수 있는 마음, 그런 마음이야말로 이 세상을 통치하고 이 세상을 전부 덮고도 남음이 있다.

'나'를 고집하는 마음도 놔 버리고, 욕심도 놓고, 집착하는 마음도 놓고, 투기(妬忌)하는 마음도 놓아야 한다. 이 모든 악한 마음을 근본자리에 놓아 한마음으로 감싸 안을 수 있는 것이 보살의 사랑이요, 행이다. 그렇지 않은 사랑이나 행은 고귀하고 진실한 것이 아니라 욕심이요, 집착이자 망상에 불과하다.

● 조화로운 삶

행복이나 불행은 잘나고 못난 것에서 비롯되는 게 아니다. 그러니 잘났다, 못났다 분별을 하지 말고, 또 잘나게 보이려 하기 이전에, 잘나게 보이고 싶어 하는 그 마음까지도 내려놓고 푹 쉬어 보라. 참된 행복이란, 잘났다는 생각에서 오는 기쁨, 만족스러움 그 이상의 것이다.

행복이란 자기가 만드는 것이지 누가 가져다주는 게 아니다. 또한, 내 안에 있는 것이지 저 밖에 있는 게 아니다. 그러니 자기가 아닌 그 누가, 그 무엇이 가져다줄 거라고 기대하거나 믿지 말라. 그러면 온갖 번뇌와 고통이 따른다.

누구나 자기 하는 일이 원만히 잘되고, 내 집이 잘되고, 내 국가가 잘되기를 바란다. 그럼에도 불화와 분쟁은 끊임없이 일어난다. 그 이유는 어떤 일을 바라볼 때 어느 한 부분만을 따로 떼어놓고 보기 때문에 생기게 되는 것이다. 높이와 넓이, 둘레, 전체를 다 보고 한마음으로 돌아간다면, 어떠한 것을 해도 서로 상응이 되어 계합이 되기 때문에 조화가 이뤄진다. 의견이 다르더라도 쉽게 해결하며 나아갈 수 있다.

밥 한 그릇을 여럿이서 나눠 먹어야 할 형편이라도 화목하다면 즐거움이 있을 것이고, 산해진미라도 서로 아옹다옹 티격태격한다면 편치 않을 것이다. 지옥을 누가 만드는가? 재물이 많아 부처님 전에 산 같이 쌓아놓고 불사를 하고 공양을 올린다 해도, 마음이 좁고 아집(我執)과 아만(我慢)으로 가득 차 있다면 미래의 공덕은커녕 현실의 즐거움조차도 없을 것이다. 돈 많은 가난뱅이가 되느냐, 가난한 부자가 되느냐는 각자 마음먹기에 달려 있다.

모든 것은 마음이 근본이라, 자기를 구원하느냐 못하느냐는 것도 자기 마음에 달려 있다.

불국토가 따로 있는 게 아니다. 마음을 닦으면 내가 있는 이곳이 불국토이다. 예를 들어, 벌레의 생명도 내 생명과 다르지 않음을 안다면, 근본자리를 통해 모두가 연결되어 하나로 돌아가고 있음을 안다면 남을 해치는 것과 같은 악한 일이 일어나지 않을 것이다. 범죄나 전쟁이 있으려야 있을 수 없을 것이다. 불국토가 따로 없게 된다.

자연을 대상으로 지금까지 인간은 인간만의 입장에서 개발하고 건설해 왔다. 전체가 하나로 돌아가는 이 도리를 모르고 자기만을 내세우며 인간 중심으로만 진행하였기 때문에 이러한 일들은 언젠가 인간을 파괴하고 전체를 파괴하는 악업으로 돌아오게 된다. 그러므로 지금부터라도 자연과 조화를 이루는 선의의 개발을 하지 않으면 안 된다. 그래야만 모두가 살 수 있다.

제10장
생활 속의 종교

● 스승과 도량

눈이 먼 사람에게는 지팡이가 필요하고 다리를 다친 사람에게는 목발이 필요하듯, 공부하는 사람에겐 스승이 필요하다. 장님이 눈을 뜨고 나면 지팡이가 필요치 않듯이, '참나'가 발현되면 스승이 따로 없어도 된다. 그러나 그때까지는 스승을 믿고 따라야 한다.

스승을 잘 만나야 된다. 눈먼 장님 손을 잡고 따라가다가는 구덩이에 빠지고 만다. 그러므로 항상 먼저 해야 할 일은 자기 근본을 믿고 그곳에 일체를 맡겨 놓는 것이다. 그래야만 자신이 스스로 자기를 제도할 수 있으며, 올바른 스승에게 안내도 할 수 있게 된다. 자기가 자기를 제대로 인도하지 못하고는 남 또한 바른길로 인도해 줄 수 없다.

흔들림 없이 굳건히 서 있는 산을 보라. 부단히 흘러내리는 물을 보라. 역경에도 굴하지 않고 피어나는 꽃을 보라. 풀뿌리 하나에서도 우리는 지혜를 배울 수 있다. 고로 일체 만물이 우리 스승 아닌 게 없다.

승보(僧寶)*에 귀의한다 함은 스님을 믿으라는 게 아니다. 믿을 것은 자기 근본인 주인공뿐이다. 다만, 스님들의 행과 말과 뜻이 일치하여 이치에 어긋나지 않는다고 생각될 때, 스승으로 알아 따르라고 하는 것이다. 공부하는 중에는 내 안의 스승만이 아니라, 스스로 체험한 것을 점검해 줄 바깥의 스승도 필요하다. 원효대사에게 대안대사가 있고, 혜가대사에게 달마대사가 있었던 것과 같다.

삼천대천세계에 내 자리 아닌 곳이 없다. 법당에 앉아 있으나 화장실에 앉아 있으나 내가 그곳에 있기에 '참나'가 같이 있고, 부처님도 함께 계신 것이다. 그럼에도 사람들은 이를 무시하고 밖으로 돌면서 '더 좋은 기도처가 없나, 더 좋은 스승은 안 계신가?' 하고 찾는다. 내 마음이 있는 그곳이 바로 법당이니, 그 법당에 불을 켜 놓으면 부처님이 항상 함께 계실 것이다.

---

* 승보[僧寶]: 전통적으로 계를 받은 비구스님과 비구니스님 전체를 일컫는다. 그러나 때로는 불교를 믿는 재가 신도까지 포함하여 불교를 믿는 사람 모두를 지칭할 때도 있다.

● **경배**

참된 예경은 나를 낮추고 불보살과 선지식을 높이는 마음인 동시에, 그들의 마음과 나의 마음이 둘이 아니라고 하는 꿋꿋함과 의연함을 잃지 않는 것이다. 따라서 지극한 정성으로 불보살의 가피(加被)를 기원하는 와중에도 그 중심은 항상 내 안에 있어야 한다. 정성이 지극하면 중심을 밖으로 둔다 해도 어느 정도 복덕을 지을 수는 있겠지만, 그러한 정성은 무한하고 참된 공덕이 되지는 못한다.

부처님 마음과 내 근본마음이 둘이 아니기에 경배를 올리는 것이다. 그리고 그러한 마음은 자기 육신과 '나'라고 하는 의식이 '참나'에게 항복을 하게 한다. 그러므로 경배하는 마음은 항상 숙연하면서 겸손해야 하고 정성이 지극해야 한다. 또 일체에 감사하는 마음이어야 한다.

부처님과 선지식께 드리는 경배는 바로 나의 근본인 주인공에게 드리는 경배이며, 부처님과 선지식께 드리는 공양도 바로 주인공에게 드리는 공양이다. 부처님 마음도, 보살 신중(神衆)의 마음도, 역대 조사님들과 선지식의 마음도, 또, 조상님들과 온갖 중생들의 마음도 다 나의 주인공, 그 한마음 속에 함께 하고 있다. 그러므로 한마음으로 하는 공양이나 경배는 일체 제불, 일체 중생과 더불어 올리는 공양이요, 경배이니 언제나 만물만생이 나의 근본인 주인공과 한마음으로 돌아가고 있음을 잊지 말아야 한다.

생각하면서 뛰고, 뛰면서 생각해야 하는 이 바쁜 시대에 꼭 백팔 배를 해야 하고 삼천 배를 해야 한다면 어떻게 따를 수 있겠는가? 마음이란 시공이 없고 체가 없어 자유로우니 한마음으로써 일 배를 지극하게 한다면, 그것이 곧 삼만 배를 넘을 수도 있다.

일체를 근본자리에 굴려 놓으며 일 배를 하면 바로 과거심, 현재심, 미래심이 일심으로 돌아가니 일 배가 만 배를 능가할 수 있다. 부처님 앞에서 이마를 땅에 대고 절을 할 때에 부처님 마음과 내 마음, 부처님 형상과 내 형상이 둘 아님을 뜻함이니, 바로 내 육신이 내 근본자리에 절을 한 것이다.

부처님을 모신다고 하면서 거꾸로 가는 사람들이 많다. 부처 형상에 예를 갖춰 절을 하고 불상을 떠받들면 그것이 옳은 일인 양 알고 있으니 참으로 큰일이 아닐 수 없다. 바라는 것이 있어서 불 켜고 경배 올리고 싶으면 그대로 하라. 그러나 일체가 공체로서 공식하고 있으니, 일체가 한울로 계합된 자기 주처, 시공이 없는 대공(大空)의 이치와 함께하는 자기 근본, 자기 주처에다 경배하라. '개별적인 나'가 아니라 '포괄적인 나'에게 경배하라. 보시하는 것도 그렇게 하라. 경배를 하면서 일체가 나의 근본, 나의 주처와 계합되어 있음을 굳게 믿어라. 참된 경배는 밖으로 나가지 않고 안으로 드는 법이다. 참된 경배는 부처님에게, 조상에게 하는 것이면서 자기 근본에게 하는 경배이다.

오분향이라는 것도 밖으로 향을 켜서 오분향이 아니라 내 안에 향을 켜는 것을 뜻함이다. 뜻과 말과 행에 사견이 없어 한데로 떨어지지 않는 것이 계향이고, 그것을 안으로 내 근본 주처에 놓고 가니 정향이며, 그리하여 스스로 걸림이 없어 집착하지 않고 자성의 빛으로 일체를 비추니 혜향이다. 우리가 부처님 전에 예를 올릴 때 바로 이러한 자세로 해야 하며, 이러한 자세로 마음공부를 하는 것이 오분향이다.

● 계행

생활 속에 계행 아닌 것이 없다. 더러우면 닦고, 흐트러져 있으면 가다듬고, 망가지면 고치고 하는 것이 계행이다. 일상 생활 속에서 잘못된 것을 고쳐가며 올바르게 실천하고 사는 것이 계행이다.

격식을 찾다 보면 '나'라는 생각도 죽지 못하고, 무의 세계도 맛볼 수 없다. 그러니 계율을 지키되 얽매이지 말아야 한다.

그러기 위해서는 중용이 필요하다. 질서를 혼란치 않게 하고 사랑하면서 평등한 마음으로 부드러운 말을 하고 포용할 수 있는 중용이 필요한 것이다.

마음공부 하는 데는 계율이 따로 없다. 계율을 지켜야 한다고 애쓰는 사람은 도리어 계율을 지키지 못한다. 계율이라고 정해놓은 것이든 아니든, 모든 것을 근본자리에 놓고 가게 되면 계율을 전부 지키는 것이 된다. 그러나 스님들은 율(律)이 무엇인지는 알아두어야 한다. 외워서 조목조목 알라는 게 아니라, 그것이 왜 있어야 하는지를 뜻으로 알아야 한다. 그래야 율법을 아는 사람의 말을 이해할 수 있고, 또 율법을 이해할 수 있어야 그것을 무심에 합쳐서 생활 속에서 둘이 아니게 자유로이 활용할 수 있기 때문이다.

부처님의 계율은 "이렇게 하지 말라, 저렇게 하지 말라."가 본 뜻이 아니다. 아무리 좋은 것이라 해도 많이 하다 보면 나빠지는 경우가 있고, 아무리 나쁜 것이라도 용도와 분수에 따라서 한다면 재고의 여지가 있다. 또한, "하지 말라."로 일관된 오계(五戒)도 바꿔 생각해 볼 수 있다. "살생하지 말라."를 "평등한 자비심으로 생명을 사랑하라."로 할 수 있으며, "도둑질 하지 말라."를 "보시를 행하여 복덕을 지어라."로 할 수 있다. "사음(邪婬)하지 말라."를 "몸과 마음으로 청정행(淸淨行)을 닦으라."로, "거짓말을 하지 말라."를 "진실을 말하고 신뢰를 지켜라."로, "술 마시지 말라."를 "언제나 밝고 바른 지혜를 가져라."로 바꿀 수 있다. 이렇듯, 계율이란 안 함으로써 지키는 것이 아니라, 부처님의 뜻을 받아 행함으로써 지키는 것이다. 그러나 본래 청정한 근본마음을 바르게 따를 수 있다면, 따로이 계율을 세울 필요가 없다.

일체 경계를 다 근본 주처에 놓아가면 구태여 계율의 자로 재지 않아도 저절로 계율이 지켜진다. 그때의 계율은 자유의 날개이다. 계율에 자기를 맞추려 하지 말고, 내 안에 이미 갖춰져 있는 계율이 우러나오도록 해야 한다. 만약 '나'라는 생각을 몰락 놓아버려 자신의 본 성품을 본다면, 수천 억겁 동안 쌓여온 업이 자기 자신을 속박하지 못한다. 따라서, 본 성품인 '참나'를 보게 되면 계율이 진정 무엇인지도 자연히 알게 되므로 '계율에 맞다, 안 맞다.'를 따질 필요가 없게 되는 것이다. 본 성품을 보면 누가 계율을 어기라 해도 어기지 않게 된다.

● 경전

경을 보되 그 경에서 참뜻을 놓치는 사람은 마치 창밖의 꽃을 보고 유리에 머리를 부딪치다 죽는 벌과 같다.

경전이란 이 세계를 말해 놓은 것이다. 그런데 경전이 나타나자 사람들은 경전을 보느라고 실상을 보지 않게 되었다. 그래서 예전의 선사 중에는, 수행 초기에 있는 수좌들에게 오히려 경전을 보지 못하게 하신 분도 있었다. 경 속에 빠져 헤어나지 못한다면 경전 책 속에 사는 벌레와 다를 바가 없다.

주장자가 굳게 세워져 있어 자유로움을 느끼게 되었을 때는 경전을 보되, 우선 반야심경, 금강경, 법화경, 화엄경들을 보아라. 내 마음을 바로 밝혀 역력하게 나를 보았다면 옛 성현들이 말해 놓은 가르침의 방편을 참고해도 된다. 내면세계의 참 자기를 알고 보아야 경전을 보더라도 글과 백지를 둘 아니게 거머쥐고 볼 수 있다. 경을 보되 보지 말고, 경을 보지 말되 보라고 하는 것은 그런 의미이다.

금강경을 달달 외웠다 해도, 무(無)의 법의 뜻을 모르면 글자만 보고 이해한 것이지 부처님의 참뜻을 아는 것이 아니다. 불교는 행(行)이다. 경(經), 율(律), 론(論), 삼장(三藏)이 모두 행을 위한 설명이다.

사람들이 이 도리를 올바로 알았다면 과거에 선조들이 그렇게 많은 방편과 설법을 하지 않았을 것이고, 애초에 부처라는 이름조차도 없었을 것이다. 현재도 그러한 예전의 방편들을 다 따르는 게 예의로 되어 있지만, 먼저 그 방편들이 지닌 뜻을 바로 알아야 한다. 그렇지 않으면 비행기를 타고 다니는 이 시대에 마차를 사용하는 격이 된다. 결국, 모든 사람에게 성불의 길을 가르쳐 주려다 오히려 방편만을 덧붙여 수행하는 길에 짐만 되게 할 수 있다.

역대 부처님들이 이 도리를 가르치려는 방편으로써 수많은 말의 덫을 놓았지만, 그렇게 가르치고자 한 뜻을 가벼이 보면 안 된다. 이 도리를 겉핥기식으로만 알고 있는 사람들이 '본래 공인데 있기는 뭐가 있으며 붙을 데가 어디 있느냐?'라는 말을 다 아는듯 쉽게 하지만, 함부로 이런 말을 해서는 안 된다. 일체가 공했다는 것을 참으로 아는 사람이라야 만이 서슴없이 그렇게 말할 수 있지, 그렇지 못한 사람이 흉내만 낸다면 그 업은 수억 겁을 거쳐도 벗기 어렵다. 그러기에 나로부터 상구보리 하화중생(上求菩提 下化衆生) 해야 한다. 내 몸속에 있는 모든 의식, 그 마음들을 한마음으로 뭉쳐서 요리할 수 있을 때, 비로소 남을 유익하게 해줄 수 있다.

● 염불과 독경

어떤 사람은 염불을 잊지 않고 꼭 읊어야만 하는 줄 아는데, '나'라는 것을 세우지 않는 사람에게는 한생각이 곧 염불이 될 수 있다. 그 한생각이 그대로 세상을 굴리는 도리이자, 그대로 활용이다. 그런데 어찌 이 도리를 모르면서 입으로만 달달 외우는가?

많은 불자들이 경을 염송하지만, 대부분은 자기 가슴에 불을 켜지 않고 바깥으로만 불을 켜려 하니 밝아지질 않는다. 자기 마음의 불을 켜지 않는다면 어떻게 자생중생들을 밝게 하고, 주변은 또 어떻게 밝힐 수 있을 것인가?

근본자리와 하나가 된 사람이 독경을 하면 그 소리를 삼라대천세계의 모든 불보살이 들을 수 있고, 그 독경 소리가 온 누리에 두루 퍼지게 된다. 일체가 둘 아니게 돌아가기 때문에 그런 마음으로 경을 읽고 주(呪)를 읊어야 진정한 공덕이 그 속에 담기게 되는 것이다. 그런데 어떤 이들을 보면 그 깊은 이치는 모른 채 입으로만, 생각으로만 읊조리고 외우고 있다. 그러니 보이지 않는 세계의 법망은 울리지도 못하고 그저 자기 귀나 울릴 뿐이다. 우리가 여러가지 경을 외우거나 읊는 이유는, 찰나찰나 여여하게 돌아가는 유의 법과 무의 법을 알고자 함에 있는 것이며, 생활 속에서 그대로, 그 법에 얽매임이 없이, 가고 옴을 행하고자 함에 있다.

● 보시(布施)

일체를 내 몸과 같이 생각하고 내 아픔같이 생각하며 남의 처지를 내 처지처럼 생각한다면, 어찌 내 생명만 아깝고 남의 생명은 아깝지 않겠는가? 그런 마음이 곧 보살의 마음이요, 모두를 이롭게 하는 진정한 보시이다.

모든 것을 용서할 수 있는 마음을 가져라. 이러한 아름다운 마음이 만물만생과 더불어 둘이 아니게 돌아갈 때 무주상 보시를 할 수 있다.

보시는 함이 없이 해야 한다. 보시한다는 마음까지도 근본자리에 놓고 지극 정성으로 하여라.

보시란 우리가 돈을 가지고 가게에 가서 물건을 사 오는 것과 같다. 그러니 보시를 했다는 것은 남에게 무엇을 준 것이 아니라 내가 무엇을 받아온 것이다.

남에게 어떤 이익을 많이 주었다 해도 탐탁지 않은 생각, 찌푸린 얼굴로 주었다면 곧, 마음에 찌푸림이 있었으니 당연히 공덕이 되지 못한다. 또한, 즐거운 마음으로 좋은 일을 하거나 물질적으로 보시한다 하더라도 내가 무엇을 했다고 하는 생각이 있는 한, 그것은 공덕이 될 수 없다. 손가락 하나만 들어도 우주 전체가 들릴 정도로 유, 무를 둘로 보지 않을 때야 공덕이 될 수 있다.

보시는 부모의 은혜를 갚을 수 있고, 자식들에게는 햇빛을 줄 수 있고 뿌리를 길러 줄 수 있는 기반을 닦는 것이다.

안 주는 것도 보시요, 주는 것도 보시이니, 다만 남을 이익되게 하라.

● 인등(引燈)

지극한 정성으로 내 마음의 불을 켠다면, 그 불은 우주와 더불어 만 생명의 마음이 하나로 합쳐서 항상 켜져 있게 된다. 그러므로 석 달 열흘 따로 날짜를 정해 놓고 인등(引燈)을 켜야 한다고 하지 말라. 그것은 인등이 아니다. 일상생활 중에도 마음의 불을 밝히면 항상 인등을 켜 놓는 것이니, 사람의 마음이 인등이다. 마음을 밝혀야 모든 것을 밝힐 수 있다.

법당에 촛불을 천 개 밝히는 것이 마음에 촛불을 한 번 밝히는 것만 못하다. 마음의 불을 켜면 우주 전체를 밝힐 수 있지만, 촛불을 촛불로만 켜면 켜는 그곳밖에는 밝힐 수 없다.

● 제사와 천도재(薦度齋)

마음 안에는 부모, 조상이 다 계시고 보살, 신중(神衆)이 다 계시다. 그러니 생활하면서 다가오는 모든 일을 간절하게 마음 안으로 고하면 삶이 그대로 부모 모시는 제사요, 부처님께 공양 올리는 재(齋)가 된다.

형식으로만 조상님을 공양한다면 조상님의 중생적 모습만 보고 조상님의 참모습인, 그 근본자리는 보지 못하는 것이 된다. 참수행자라면 조상님께 감사하는 생각을 하되, 늘 자기의 근본과 조상님의 근본이 둘이 아닌 줄을 알아야 한다. 그러므로 제사를 지낼 때 나와 조상이, 나와 부처가 근본으로 하나인 줄 안다면, 자신의 그 마음으로 인해 전체가 하나로 돌아가는 이 광대무변한 법을 조상들도 다 알게 되는 것이다. 이러한 마음 안에 촛불도 있고 향도 있고 청수도 있다. 하지만 이 도리를 모르고 일일이 격식을 차려야만 올바른 제사를 지내는 거라고 한다면, 그것은 조상을 위하는 것도, 자기 자신을 위하는 것도 아니다. 그렇게 하는 것은 재(齋)의 진정한 의미를 모독하는 것은 물론이고, 조상과 자신을 우습게 만드는 것밖에 안 된다.

천도는 누구든지 행할 수 있는 게 아니다. 그것을 행하는 사람의 역량에 따라, 즉, 둘이 아닌 도리, 공(空)의 도리, 나툼의 도리를 얼마만큼 깊이 있게 깨닫고 행(行)할 수 있는지에 따라 그 결과가 확연히 달라진다.

천도에는 세 가지 차원이 있다. 첫 번째는, 마음도리를 모르면서 단지 예식에 맞춰 경을 따라 외우며 하는 것인데, 이 경우엔 천도의 근처도 갈 수 없게 된다. 두 번째는, 재(齋)를 이끌어가는 사람이 일체를 다 근본에 맡겨 놓아야만이 하나로 돌아갈 수 있다는 이 도리를 알되, 그렇게 할 수 있는 능력의 차원이 달라, 거기에 따라 천도가 천차만별로 이루어지게 된다. 세 번째는 일체 제불의 마음과 모든 조상의 마음과 나의 마음이 둘이 아님을 진정으로 알아, 모든 것이 한자리에서 나고 들며 거기에서 이루어지게끔 마음을 낼 줄 알아, 따로 재를 지내고 말고 할 것도 없이 천도가 되는 경우이다.

깨달은 분들은 구태여 예식을 차리지 않아도 영가를 천도시킬 수 있다. 이때, 이러한 차원에 있는 분들이 영식(靈識)을 본다 함은, 죽을 당시에 머물러 있는 의식 차원이나, 갇혀 있는 의식 차원 등, 어떤 한정적인 의식 차원을 보는 게 아니라 살아생전의 마음자리 전부를 보는 것이다.

많은 경우, 사람들은 죽기 직전 가졌던 분노, 집착, 고통 등과 같은 여러 가지 이유로, 살아생전에 지녔던 전반적인 의식 차원보다 낮은 차원에 들게 된다. 죽기 전, 이러한 의식이 강할 경우 거기에서 벗어나지 못하고 결과적으로 그 의식 차원에 그대로 머물게 되는 것이다. 그래서 죽기 전, 본인이 살면서 지은 모든 나쁜 죄를 진심으로 뉘우치고 근본자리에 그대로 놓아야 하는 것은 물론, 일체를 진심으로 그 자리에 회향해야 하는 것이 중요하다.

천도는 영가가 살아생전 전반적으로 어떠한 의식 차원을 가졌느냐에 따라, 앞 못 보는 장님을 이끌어 가는 것이라고도 말할 수 있고, 또 잠시 감았었던 눈을 뜨게 하여 스스로의 상황을 알아볼 수 있게 하는 것이라고도 할 수 있다. 하지만 천도 이후, 영가들이 가는 길은 제각각 다르다. 살아 있을 때 마음을 얼마나 잘 수행했는지에 따라, 과거 닦아놓은 공덕이 어떤지에 따라, 차원대로 가던 길을 가게 된다.

수억 겁 동안 살아오면서 지어놓은 조금의 인연 공덕이라도 있어야 마음이 통신이 되어 천도를 통해 무명이 벗겨지고 자유로이 제 갈 길 갈 수 있는 기회가 온다. 그러므로 체(體)가 있을 때 마음공부를 하여 덕을 쌓아야 한다고 하는 것이다. 그러나 살아 있는 사람들의 마음이 천차만별인 만큼, 죽은 사람들의 마음 차원 또한 천차만별이다. 특히, 이 도리를 모르고 죽은 사람들의 마음은 얽히고설킨 무명으로 켜켜이 쌓여있어, 한 번의 천도로 그것을 다 푼다는 것은 사실상 어렵다. 그래서 정성을 다한 형식도 필요하다.

모든 것을 근본자리에 맡겨 놓고 천도를 하면, 일체 제불의 마음과 조상들의 자식 위하는 마음이 한데 합쳐져 큰 밝음이 되어 한 찰나에 천도가 된다. 또 마음의 도리를 알아 원력이 당당해지면, 격식을 차리지 않아도 내 마음이 조상의 마음과 이미 한자리 하고 있는 것이라, 그대로 천도가 된다. 촛불 하나 안 켜 놓아도 마음으로 밝은 인등을 켠 것이니, 그 인등 속에서 다 이루어지는 것이다. 그러나 천도재를 하면서도 부처님의 마음과 재를 지내는 사람의 마음과 또 그것을 받는 조상의 마음이 한자리인 줄을 믿지 못한다면, 믿지 못한 만큼 천도와는 거리가 멀어진다.

모두를 내 몸같이 생각하고 내 아픔같이 생각하여 어떠한 차원의 영혼이라도 한마음으로 보듬어 안아 나로 만들어 다시 내놓는다면, 그것이 바로 천도이다.

천도를 하면 조상뿐 아니라 자손에게도 활짝 문을 열어주게 된다. 수억 겁을 내려오면서 먹고, 싸우고, 죽이고, 죽고 하면서 살아나온 모든 마음을 근본자리에 집어넣어 하나로 돌아가게 하니 일체가 공(空)한 줄 알게 된다. 그리하여 차츰차츰 무명이 걷히며 본래의 청정함이 드러나니, 조상도 모두 문을 열어 귀가 트이고 눈이 뜨인다. 결국, 돌아가신 조상과 재를 지내는 후손의 마음이 다 편안하게 완화되어 자기를 밝게 볼 수 있게 되고 자유롭게 살 수 있게 된다.

● 방생(放生)

물이 없는 곳에서 물고기가 퍼덕퍼덕 뛸 때, 그 물고기를 물에 넣어 주는 것이 참된 방생이다. 물에서 잘 노는 물고기를 잡아 와 물에 다시 풀어주는 행위는, 잡는 것도 죽이는 거고 물에 넣어주는 것도 죽이는 것이다. 이것은 방생도, 보시도 아니고 오히려 살생의 죄를 짓는 것이다.

스스로 살아갈 만한 환경이 못 되었을 때, 보다 나은 환경을 마련해 주는 것도 방생이다. 예를 들면, 자식 학비도 못 내고 집이 없어 내쫓겨질 가족에게 돈을 줘서 살아갈 수 있게 해 주는 것도 방생이다.

방생이란 물질이나 보이는 것에 국한되지 않는다. 근본 자리를 통해 베푸는 방생은 업식으로 뭉쳐진 인과(因果)나 그로 인해 고통받는 마음을 녹이기 때문에, 세세생생 걸림 없이 살 수 있는 길을 터 주는 것과 같아, 당장의 안위나 살길을 열어주는 것보다도 더 크다고 하겠다. 그러한 방생은 영원한 것이다.

● 팔자, 운명

배우가 역을 맡았을 때 대본에 따라 대사도 외고 연기도 해야 하듯이, 우리도 짊어지고 나온 인과응보의 대본에 따라 배우 역할을 하고 있다. 그러므로 오늘의 우리에게는 한 치의 에누리도 허용되지 않는다. 그러나 업보나 팔자, 운명이라 할 수 있는 우리들의 대본은 스스로 만든 것이기에 우리 각자가 얼마든지 고칠 수 있다.

우리가 이 세상에 몸을 가지고 태어날 때, 수억 겁의 선업, 악업이 뭉친 업식을 짊어지고 나오게 된다. 차원이 높으면 높은 대로, 낮으면 낮은 대로, 지었던 그 많은 업식들이 내 육신으로 결집되어, 입력된 대로 현실에 나오는 것을 팔자나 운명이라고 한다. 모르고 지은 것은 모르는 대로, 알고 지은 것은 아는 대로 그대로 입력되었다가 형태만 바꾸어 나오는 것이다. 그러나 모든 것을 근본자리인 주인공에 놓아 녹여 버리면 업식이랄 것도 없게 된다. 이러한 도리를 모르기에 팔자나 운명이 있다고 하는 것이다.

정해진 팔자, 운명이 따로 있어 그것을 바꿀 수 없는 게 아니다. 모든 것은 마음먹기에 달려 있다. 착을 떼지 못하면 업이 되고 응보가 있고, 그리고 그것이 반복되다 보면 유전이 되기도 한다. 모든 것은 마음으로 짓고 받는 것이니 행복과 불행의 열쇠는 바로 마음먹기에 달려 있다.

마음이 밝으면 내 삶이 밝을 거고, 마음이 어두우면 내 삶이 어두울 것이니, 팔자나 운명 때문이 아니다. 부처님 법에는 그런 게 없다. 삼재(三災)니 팔난(八難)이니 하는 것도 없다.

● 타력신앙

대부분의 사람들은 문제가 발생하면 그 해답을 자기 내면이 아닌 다른 곳에서 찾으려 한다. 그러나 그것은 임시방편이 될 수는 있어도 궁극적인 해결책은 되지 못한다. 옷이 날개라고도 하지만, 아무리 좋은 옷을 입어도 그 옷이 내 몸이 될 수는 없듯이, 아무리 그럴싸해 보이는 방책이라도 내 근본자리에서 나온 것이 아니라면 참 해결책이 아니다. 그래서 먼저 자기 근본에 일체를 맡겨 놓으라고 하는 것이다. 자기 자신 안에는 문제를 해결할 수 있는 지혜와 에너지가 다 들어 있다. 밖으로 돌면 무한한 내면의 해결책을 끌어내지 못한다. 진정한 행복 또한 내면으로부터 오는 것이다.

무엇을 해 달라고 빌게 되면 벌써 둘이 된다. 그렇게 해서는 아무리 빌어 본들 소용이 없고, 설사 그게 됐다 한들 공덕은 없고 빚만 지는 것이다. 왜냐하면, 나에게 닥쳐오는 모든 문제는 나의 근본에서 비롯된 것이므로 나의 근본자리에서만이 해결할 수 있기 때문이다. 일체를 근본에 돌려놓는 작업을 통해서만이 내 마음이 진화되며, 그것이야말로 진정한 의미의 공덕이 된다. 그러므로 큰 보시를 했다 하더라도, 만약 기복으로 한 것이라면 공덕이 하나도 없게 된다. 이 공부는 내가 농사짓고 부지런히 뛰어서 내 밥을 내가 지어 먹는 것이지 누가 대신해 주는 것이 아니다. 내 근본마음을 굳게 믿어 모든 것을 그 자리에 되놓아 내면에서부터 근본적으로 해결이 이루어지는 데에 역점을 두어라. 그래야 나아진다. 지금 당장 아쉽다고 깡통 들고 다니면서 도와 달라고 하면 달라질 게 없다. 수억 겁을 거쳐 이날까지 나를 끌고 온, 내 주인공의 뜻을 저버리지 말라.

기복으로 맹종하고 밖으로 찾는 타력신앙으로만 나아가는 사람이라면 광대무변한 인간의 가능성을, 법신으로서의 부처를 이룰 자격을 잃었다고 볼 수 있다. 인간이라면 모름지기 더할 수 없는 고등동물로서, 만물의 영장으로서, '나'라는 것이 정말로 무슨 의미인지를 돌아볼 줄 알아야 한다.

● **종교분쟁**

옷 하나를 사려는데 가게가 어디 하나둘이고 상표가 한둘이겠는가? 본인에게 맞는 걸 찾으면 된다. 종교도 마찬가지이다. 진리는 하나이나 처해진 환경과 문화에 따라 그것을 추

구하는 방법이나 생각도 다양해 종교도 다양한 것뿐이다. 근본적으로는 천주교, 기독교, 불교, 이슬람교 등이 따로 있는 게 아니다.

종교란 이름이다. 같은 지구 안에 살면서 사람들이 각각의 살림살이에 따라서, 지역에 따라서 이름을 지어 놓은 것뿐이니 종교를 가지고 싸울 일이 아니다. 인간들이 제각각 마음먹기를 그렇게 해서 싸우는 것일 뿐, 하느님이 싸우라고 시킨 것도, 예수가 싸우라고 시킨 것도 아니다. 부처가 그렇게 시킨 것도 아니고 알라신이 그렇게 시켰을 리도 없다. 인간들이 싸울 빌미를 만들어 놓고, 공연히 하느님의 이름으로, 알라의 이름으로 싸우는 것뿐이다.

사람들이 생각이 다를 뿐이지 어찌 진리가 둘이겠는가? 같은 불교 안에서도 사람마다 다른 식으로 믿고 있으니 어떻게 보면 이름만 같을 뿐 다른 종교를 믿는 셈이다. 진리가 하나인 줄 알면 이름이 달라도 같은 종교를 믿는 것과 다름없다. 따라서 어떤 특정 종교가 옳다는 말은 하지 말라. 각자 자기가 가지고 있는 종교의 가르침을 제대로 알고 진심으로 그 가르침을 따른다면 오히려 겸손해질 터이니, 너와 나, 나와 세상, 나와 우주, 나와 삼라만상이 둘이 아님을 알게 될 것이다. 진리 앞에서는 네 종교, 내 종교 따위의 이야기란 한 점 먼지와도 다를 바가 없다.

제3부: 활용-생활 속의 참선수행

마음공부 하면서 명심해야 할 점

대행큰스님은 사람들이 수행 중에 자신이 얼마만큼 마음공부가 되었는지에 대해 자칫하면 스스로에게 속기 쉬우므로 매 순간 주의해야 한다고 일깨워 주신다. 예를 들어, '이만큼 놓았고, 이만큼 맡겼으면 이제 자신이 어느 정도 공부가 되었겠거니' 하고 여길 때, 미묘하게 숨어 있던 아만이 튀어나오게 되므로 모든 걸 놓고 또 놓아야 한다는 것이다. 또한, 스님께서는 우리들의 삶 속에 더 이상은 어느 것에도 매달려 착을 두지 않는다고 할 정도로 계속해서 열심히 수행을 해나가야 한다고 말씀하신다.

수행자가 자신이 체험한 것과 자신이 안다고 여기는 것을 놓지 못하고 붙들고 있다면, 그것이 설혹 근본자리에서 나온 것이라 할지라도 착이 되어 차츰 수행에 장애가 되기 시작한다. 왜냐하면, 착은 자신이 가지고 있는 고정관념이나 사량심, 혹은 업식들이 기댈 수 있는 좋은 발판이 되기 때문이다. 그러므로 수행자는 자신이 경험한 것과 자신이 알고 있는 일체를 끊임없이 근본자리에 놓아가는 연습을 해야 하는 것이다. 마음공부가 깊어지고 발전하기 위해서는 불쾌한 일 같은 역경계뿐만 아니라, 멋있고 좋은 일로 다가오
는 순경계까지도 놓고 나아가야 한다.

업식에 대해서도 큰스님은 다음과 같이 말씀하신다. "업식은 과거에 우리들이 입력한 것이 형태만 바뀌어 다시 현재에 나오는 것인데, 많은 사람이 벌어지는 그 모든 일들을 정확히 느끼지 못하기 때문에, 그

러한 업식의 작용을 현재의 내가 하는 것이라 여기고 거기에 속아 넘어가 휘둘리는 것입니다. 그러지 않기 위해서는, 안과 밖에서 벌어지며 다가오는 모든 것을 자신의 근본에다 놓고 또 놓아야 하며, 계속해서 자신의 근본자리에 맡기는 도리밖에 없습니다."

마음공부의 발전을 위해서는 무엇보다도 항상 자기 자신을 맑은 눈으로 정직하게 들여다보아야 하며, 처음부터 끝까지 내 근본을 믿고 그 자리에 일체 경계를 놓아야 할 것이다. 이것이야말로 마음공부의 요체라고 할 수 있다.

[마음공부: 진정한 자유인이 되기 위해 마음이 어떻게 작용하는지를 배우고, 배운 것을 실제 생활 속에서 활용하고 체험하며, 그러면서 알아가는 모든 과정을 말한다.]

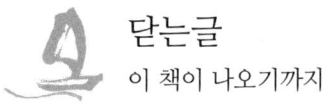
닫는글
이 책이 나오기까지

본 저서『건널 강이 어디 있으랴』는 주로『한마음요전』과 법문시리즈인『허공을 걷는 길』시리즈의 일부를 발췌하여 재구성한 것입니다.『한마음요전』은 대행큰스님이 1970년 초반부터 1991년까지 20여 년간 말씀하신 법문 내용의 핵심을 주제별로 간추려 놓은 것으로, 순서와 관계없이 필요에 따라 주제를 선택하여 읽어 나가도 그 가르침의 요체를 맛볼 수 있습니다. 형식에 있어서는 기본적으로 『한마음요전』과 비슷하나, 일반독자들의 보다 나은 이해를 돕기 위해, 요전에는 없으나 다른 법문에서 다루어진 주요 주제들을 추가함으로써 보다 풍부한 내용으로 수정, 보완하였습니다.

이 책의 영어 번역본인『No River to Cross, No Raft to Find』는 1999년에 출간된『The Inner Path of Freedom』이라는 영문책을 기본으로 하고 있으며, 그 책의 많은 부분을 재조명하는 과정에서, 원래의 가르침에 훨씬 가까우면서도 더욱 자연스러운 영어표현이 되도록 새롭게 번역되었습니다. 이후, 미국의 위즈덤출판사(Wisdom Publications)와 저작권 계약을

맺어 『No River to Cross』라는 제목으로 2007년 9월에 미국에서 출판되었으며, 2009년 4월에는 스페인 마드리드에 위치한 카일라스출판사(Kailas Editorial, S.L.)에서 출간되었습니다. 독일의 골드만 아카나-랜덤하우스(Goldmann Arkana-Random House)는 큰스님께서 법문 중에 들려주셨던 예화들을 모아놓은 이야기책, 『My Heart is a Golden Buddha』를 『Wie flieβendes Wasser』라는 제목으로 이미 2008년 4월에 출간한 출판사로써, 이 책을 『Vertraue und Lass Alles Los』라는 제목으로 2010년 봄에 출판하였습니다. 이어, 암리타 루스(Amrita-Rus)를 통해 러시아에도 첫발을 내디뎠습니다.

출판 이래 『No River to Cross』는 동서양의 다양한 독자들에게 깊은 감명을 주며 잔잔하지만 강한 반향을 불러일으키고 있습니다. 무엇보다도 이 책은, 자칫하면 현실의 삶과 동떨어진 괴리감을 줄 수 있는 깨달음의 문제를 복잡한 수식어 없이 간단명료한 일상의 언어로 설명하고 있는데, 그럴 수밖에 없는 이유는 이 안의 메시지가 머리의 지식에서 나온

게 아니라 경험과 깊은 성찰을 통한 진정한 깨달음에서 나온 가르침이기 때문입니다.

문화와 종교를 초월해 남녀노소 누구든 자신의 생활을 그대로 영위하면서도 얼마든지 수행을 할 수 있고, 또 그 일상 속의 수행을 통해 깨달음에 이를 수 있다는 가르침에 대한 호응의 물결은 지구 반대편에서 시작되었습니다. 그리고 그 물결은 어느새 조용히 퍼져 나와 한국 독자들의 마음에도 파문을 일으키며, 이 책의 내용을 한글로 읽어보고 싶다는 많은 독자들의 요청이 들어왔습니다. 그리하여, 서양에 첫발을 내디뎠던 영어책 『No River to Cross』가 한국에서 재탄생하게 된 이래 어느덧 6쇄를 발간하게 되었습니다.

힘들고 각박한 생활에 쫓기면서도 어떻게 해야 주어진 삶을 지혜롭고 당당하게 영위해갈 수 있는지에 대해 진지하게 고민하며 살아가는 우리 현대인들에게, 이 책이 명쾌한 해답을 안겨 줄 수 있는 훌륭한 지침서가 되리라는 것을 믿어 의심치 않습니다.

끝으로, 본 저서의 머리말을 흔쾌히 써주신 UCLA의 로버트 버즈웰 교수님께 심심한 감사의 마음을 전합니다.

만 중생에게 이 가르침의 가피(加被)가 있기를 발원하면서,

한마음국제문화원 일동 합장
불기 2561년, 서기 2017년 4월

본 저서에 관한 각계의 평론
〈한글 번역본〉

1. Wisdom Publications

흔히들 깨달음이란, 피안의 세계로 건너가 우리가 마침내 고통으로부터 자유로워질 수 있는 저 먼 곳에 있다고들 말합니다. 그리고 불교의 가르침은 우리를 그 피안의 세계로 데려다주는 뗏목이라고 합니다.

그러나 현대 한국불교의 훌륭한 스승 중 한 분이신 대행선사는, 이 눈부시게 빛나는 저서에서 우리가 찾으려는 뗏목이란 없으며 우리가 건너야 할 강조차 원래 없다는 것을 알려줍니다. 서구의 독자들에게 스님은, 지금 당장 접할 수 있는 절대적이고 확실한 지혜의 세계가 언제나 지금, 여기에 있어 왔으며, 지금 이 순간에도 여기에 있으니, 이 깨달음의 세계에 들어오라고 손짓합니다.

어디 하나 손색없는 선사로서의 자격을 두루 갖추고 계신 대행스님은 *No River to Cross* 에서 철저히 개개인의 일상생활에서 출발하는 매우 참신한 마음 수행법을 선보이고 있습니다. 스님의 가르침은, 하나도 부족함이 없는 그 완전무결한 근본자리인 우리의 '참성품'으로 돌아가는 것을 거듭 강조하고 있는 면에서 의외로 간단하지만, 그 가르침의 깊이는 놀라운 정도로 심오합니다.

2. David McCann, 하버드 대학교의 한국학연구원장, 만해상 수상자

   No River to Cross 가 주는 메시지는 아주 강력하며 때로는 놀랄 정도로 단도직입적입니다. 이 책은 불교 수행에 대한 복잡한 용어들과 개념들을 간단하고 명쾌하게 설명합니다. 또한, 우리들 생활에서 선별된 마음을 밝혀주는 일례들이 위의 개념들과 조화로운 균형을 이루고 있습니다. 이 책은, 오늘날 우리들이 살아가는 세계의 문제들에 대해 매우 타당성 있는 안목을 제시해 줍니다.

3. Robert Buswell, UCLA 불교학연구소장

   이 책을 통해서 여러분은 일상생활에서 벌어지는 세속적인 일조차도 불교의 가르침을 실천하고 마음을 닦아나갈 수 있는 재료로 사용할 수 있다는 대행큰스님의 귀중한 가르침을 만나 볼 수 있습니다. 뿐만 아니라, 스님이야말로 현대불교계에서 가장 창조적인 선사이자, 일반인이 다가가기 쉬운 큰 스승 중 한 분이라는 사실을 거듭 확인할 수 있을 것입니다. (머리말에서 발췌)

4. Francisca Cho, George Town University 교수

Shunryu Suzuki의 *Zen Mind, Beginner's Mind* 가 그러했듯이 *No River to Cross* 는 참으로 오롯이 마음으로부터 우러나오는 말을 전하고 있습니다. 평이하면서도 정곡을 찌르는 말로 사람의 폐부를 꿰뚫은 대행선사의 역량으로 이 책은 *Zen Mind, Beginner's Mind* 와 같은 장기 베스트 셀러로서의 수명을 누리게 될 것입니다.

5. Shambala Sun
(불교를 포함하여 정신세계에 관련된 문제들을 다루는 지명도 있는 잡지)

서구 독자들에게 아직 칭송되지 않은 80세의 선승이신 한국의 대행선사를 소개합니다. 여성선사로서 스님이 성취한 업적과 수행의 과정은 매우 이례적입니다. 스님은 30여 년 동안 홀로 한국의 산 중에서 수행하신 후에 한국불교계에서 가장 크고 가장 많은 영향력을 지닌 사찰을 건립하였습니다.

No River to Cross 는 주제별로 구성되어 있으며, 불이법(不二法)에서부터 금전적인 문제, 열반의 문제에서부터 가정사와 관련된 문제에 이르기까지, 개념적인 설명에서부터 실질적인 수행의 문제들을 아울러 다루고 있으며, 이에 따른 일례들을 잘 편집해 놓았습니다. 대행선사가 전하는 참신한 가르침의 맛을 처음으로 경험해본 분들이라면, 분명 더 많은 가르침을 얻고 싶다는 심정을 참아내기 어려울 것입니다.

한마음선원 본원

경기도 안양시 만안구 경수대로1282 (석수동, 한마음선원)
(우편번호 13908)
Tel : 82-31-470-3100   Fax : 82-31-470-3116
홈페이지 : http://www.hanmaum.org
이메일 : onemind@hanmaum.org

국내지원

강릉지원 (우)25565 강원도 강릉시 하평5길 29(포남동)
TEL:(033) 651-3003   FAX:(033) 652-0281

공주지원 (우)32522 충청남도 공주시 사곡면 위안양골길 157-61
TEL:(041) 852-9100   FAX:(041) 852-9105

광명선원 (우)27638 충청북도 음성군 금왕읍 대금로1402
TEL:(043) 877-5000   FAX:(043) 877-2900

광주지원 (우)61965 광주광역시 서구 운천로204번길 23-1(치평동)
TEL:(062) 373-8801   FAX:(062) 373-0174

대구지원 (우)42152 대구광역시 수성구 수성로41길 76(중동)
TEL:(053) 767-3100   FAX:(053) 765-1600

목포지원 (우)58696 전라남도 목포시 백년대로266번길 31-1(상동)
TEL:(061) 284-1771   FAX:(061) 284-1770

문경지원 (우)36937 경상북도 문경시 산양면 봉서1길 10
TEL:(054) 555-8871   FAX:(054) 556-1989

부산지원 (우)49113 부산광역시 영도구 함지로79번길 23-26(동삼동)
TEL:(051) 403-7077   FAX:(051) 403-1077

울산지원 (우)44200 울산광역시 북구 달래골길 26-12(천곡동)
TEL:(052) 295-2335   FAX:(052) 295-2336

제주지원 (우)63308 제주특별자치도 제주시 황사평6길 176-1(영평동)
TEL:(064) 727-3100   FAX:(064) 727-0302

중부경남 (우)50871 경상남도 김해시 진영읍 하계로35
TEL:(055) 345-9900   FAX:(055) 346-2179

진주지원 (우)52602 경상남도 진주시 미천면 오방로528-40
TEL:(055) 746-8163   FAX:(055) 746-7825

청주지원 (우)28540 충청북도 청주시 청원구 교서로109
TEL:(043) 259-5599   FAX:(043) 255-5599

통영지원 (우)53021 경상남도 통영시 광도면 조암길 45-230
TEL:(055) 643-0643   FAX:(055) 643-0642

포항지원 (우)37635 경상북도 포항시 북구 우창로59(우현동)
TEL:(054) 232-3163   FAX:(054) 241-3503
TEL:(054) 232-3163   FAX:(054) 241-3503

Anyang Headquarters of Hanmaum Seonwon

1282 Gyeongsu-daero, Manan-gu, Anyang-si,
Gyeonggi-do, 13908, Republic of Korea
Tel: (82-31) 470-3175 / Fax: (82-31) 470-3209
www.hanmaum.org/eng
onemind@hanmaum.org

Overseas Branches of Hanmaum Seonwon

ARGENTINA
Buenos Aires
Miró 1575, CABA, C1406CVE, Rep. Argentina
Tel: (54-11) 4921-9286 / Fax: (54-11) 4921-9286
http://hanmaumbsas.org

Tucumán
Av. Aconquija 5250, El Corte, Yerba Buena,
Tucumán, T4107CHN, Rep. Argentina
Tel: (54-381) 425-1400
www.hanmaumtuc.org

BRASIL
São Paulo
R. Newton Prado 540, Bom Retiro
Sao Paulo, CEP 01127-000, Brasil
Tel: (55-11) 3337-5291
www.hanmaumbr.org

CANADA
Toronto
20 Mobile Dr., North York, Ontario M4A 1H9, Canada
Tel: (1-416) 750-7943
www.hanmaum.org/toronto

GERMANY
Kaarst
Broicherdorf Str. 102, 41564 Kaarst, Germany
Tel: (49-2131) 969551 / Fax: (49-2131) 969552
www.hanmaum-zen.de

THAILAND
Bangkok
86/1 Soi 4 Ekamai Sukhumvit 63
Bangkok, Thailand
Tel: (66-2) 391-0091
www.hanmaum.org/cafe/thaihanmaum

USA
Chicago
7852 N. Lincoln Ave., Skokie, IL 60077, USA
Tel: (1-847) 674-0811
www.hanmaum.org/chicago

Los Angeles
1905 S. Victoria Ave., L.A., CA 90016, USA
Tel: (1-323) 766-1316
www.hanmaum.org/la

New York
144-39, 32 Ave., Flushing, NY 11354, USA
Tel: (1-718) 460-2019 / Fax: (1-718) 939-3974
www.juingong.org

Washington D.C.
7807 Trammel Rd., Annandale, VA 22003, USA
Tel: (1-703) 560-5166
www.hanmaum.org/wa

한마음출판사의 마음을 밝혀주는 도서

- A Thousand Hands of Compassion
  만가지 꽃이 피고 만가지 열매 익어
  : 대행큰스님의 뜻으로 푼 천수경 (한글/영어)
  [2010 iF Communication Design Award 수상]
- Wake Up And Laugh (영어)
- No River To Cross, No Raft To Find (영어)
- It's Hard To Say (영어) (절판)
- My Heart Is A Golden Buddha (영어)
- Touching The Earth (영어)
- 생활 속의 참선수행 (시리즈) (한글/영어)
    1. 죽어야 나를 보리라
       (To Discover Your True Self, "I" Must Die)
    2. 함이 없이 하는 도리
       (Walking Without A Trace)
    3. 맡겨놓고 지켜봐라
       (Let Go And Observe)
    4. 마음은 보이지 않는 행복의 창고
       (Mind, Treasure House Of Happiness)
    5. 일체를 용광로에 넣어라
       (The Furnace Within Yourself)
    6. 온 우주를 살리는 마음의 불씨
       (The Spark That Can Save The Universe)
    7. 한마음의 위력
       (The Infinite Power Of One Mind)
    8. 일체를 움직이는 그 자리
       (In The Heart Of A Moment)
    9. 한마음 한뜻이 되어
       (One With The Universe)

10. 지구보존
   (Protecting The Earth)
11. 진짜 통하게 되면
   (Inherent Connections, 2016 new)
12. 잘 돼야 돼!
   (Finding A Way Forward, 2016 new)
13. 믿는 만큼 行한 만큼
   (Faith In Action, 2017 출판예정)

• 내 마음은 금부처 (한글)

• 건널 강이 어디 있으랴 (한글)

• 처음 시작하는 마음공부1 (한글) (2016 new)

• El Camino Interior (스페인어)

• Vida De La Maestra Seon Daehaeng (스페인어)

• Enseñanzas De La Maestra Daehaeng (스페인어)

• Práctica Del Seon En La Vida Diaria (Colección) (스페인어/영어)
   1. Una Semilla Inherente Alimenta El Universo
      (The Spark That Can Save The Universe)

• Si Te Lo Propones, No Hay Imposibles (스페인어)

• 人生不是苦海 (번체자 중국어) (개정판)

• 无河可渡 (간체자 중국어)

• 我心是金佛 (간체자 중국어)

외국출판사에서 출판된 한마음도서

- Wake Up And Laugh
  Wisdom Publications, 미국

- No River To Cross
  (*No River To Cross, No Raft To Find* 영어판)
  Wisdom Publications, 미국

- Wie Fließendes Wasser
  (*My Heart Is A Golden Buddha* 독일어판)
  Goldmann Arkana-Random House, 독일

- Wie Fließendes Wasser (Audio Book)
  (*My Heart Is A Golden Buddha* 독일어판 오디오북)
  Steinbach Sprechende Bücher, 독일

- Ningún Río Que Cruzar
  (*No River To Cross* 스페인어판)
  Kailas Editorial, S.L., 스페인

- Umarmt Von Mitgefühl
  ('만가지 꽃이 피고 만가지 열매 익어':
  대행큰스님의 뜻으로 푼 천수경 독일어판)
  Diederichs-Random House, 독일

- 我心是金佛
  (*My Heart Is A Golden Buddha* 번체자 중국어판)
  橡樹林文化出版, 대만

- Vertraue Und Lass Alles Los
  (*No River To Cross* 독일어판)
  Goldmann Arkana-Random House, 독일

- Wache Auf Und Lache
  (*Wake Up And Laugh* 독일어판)
  Theseus, 독일

- Дзэн И Просветление
  (No River To Cross 러시아어판)
  Amrita-Rus, 러시아

- Sup Cacing Tanah
  (*My Heart Is A Golden Buddha* 인도네시아어판)
  PT Gramedia, 인도네시아

- Không có sông nào để vượt qua
  (*No River To Cross* 베트남어판)
  Phuong Nam Books, 베트남

책에 관한 문의나 주문하실 분들은
아래의 연락처로 알려주시기 바랍니다.

한마음국제문화원/한마음출판사

경기도 안양시 만안구 경수대로1282 (한마음선원)
우편번호 13908
전화 : 82-31-470-3175
팩스 : 82-31-470-3209
이메일 : onemind@hanmaum.org